BIBLIOTHÈQUE DES DAMES

ÉDUCATION
DES FILLES

DE FÉNELON

PARIS
LIBRAIRIE DES BIBLIOPHILES
Rue Saint-Honoré, 338

BIBLIOTHÈQUE DES DAMES

ÉDUCATION DES FILLES
DE FÉNELON

TIRAGE A PETIT NOMBRE

Il a été tiré en outre vingt exemplaires sur papier de Chine (n°s 1 à 20) et vingt sur papier Whatman (n°s 21 à 40), accompagnés d'une *triple épreuve* du frontispice.

Jouaust, Ed.   Imp. A. Salmon.

ÉDUCATION
DES FILLES
DE FÉNELON

PRÉCÉDÉE D'UNE INTRODUCTION

PAR

OCT. GRÉARD

Membre de l'Institut
Vice-recteur de l'Académie de Paris

Frontispice gravé par Ad. Lalauze

PARIS
LIBRAIRIE DES BIBLIOPHILES
Rue Saint-Honoré, 338
—
M DCCC LXXXV

INTRODUCTION

Si le traité de Fénelon, qui, à l'origine, n'était pas destiné à être livré au public, s'était perdu et qu'il ne fût resté que quelques fragments des premiers chapitres, on pourrait être embarrassé d'en déterminer la date. L'Introduction notamment, où l'auteur s'attache à démontrer la nécessité de fortifier l'éducation des filles, semble presque, à la vivacité du tour et de l'expression, écrite d'hier. On dirait que Fénelon se trouve en présence d'un interlocuteur qui s'est engagé à fond dans l'opinion contraire et qu'en deux ou trois coups d'une argumentation serrée il veut le réduire. Il procède par affirmations absolues; il interroge, il s'émeut. Ce n'est pas un exposé, ce n'est même pas une réplique, c'est une conclusion ferme, où les objections sont ramassées dans une réfutation nerveuse et qui va droit aux raisons dernières, sans s'arrêter au détail des preuves, qui se retrouvera ailleurs. « Rien n'est plus négligé que l'éducation des filles; le plus souvent la coutume et le caprice y décident de tout... Il est vrai qu'il ne faut pas les pousser dans des études dont elles pourraient s'entêter... Mais n'ont-elles pas des devoirs à remplir, et des devoirs qui sont les fondements de la vie humaine?... Mais les hommes peuvent-ils espérer pour eux-mêmes quelque douceur de vie, si leur plus étroite société, qui est celle du mariage, se tourne en amertume?... Mais les enfants, qui seront dans la suite toute l'humanité, que deviendront-ils si les mères les gâtent dès leurs premières années?... Mais la vertu est-elle moins pour les femmes que pour les hommes?... Bien plus, il est constant que la mauvaise éducation des femmes fait plus de mal que celle des hommes, puisque les désordres des hommes viennent souvent et de la mauvaise éducation qu'ils ont reçue de leur mère et des passions que d'autres femmes leur ont inspirées dans un âge plus avancé. Quelles intrigues se présentent à nous dans les histoires, quelles révolutions d'État causées par le dérèglement des femmes!... » Et finissant, comme il a commencé, avec une simplicité hardie : « Voilà ce qui prouve, s'écrie-t-il, l'importance de bien élever les filles : cherchons-en les moyens. » Reprise bien des fois depuis, la controverse a été de nos jours rouverte avec éclat ; mais je ne crois pas qu'on y ait jamais apporté plus de vigueur et de décision.

Même du temps de Fénelon la question n'était pas nouvelle. L'antiquité païenne n'en avait méconnu ni la délicatesse ni la portée. Est-il rien de comparable, pour la grâce de la raison et la fraîcheur du sentiment, au tableau de l'intérieur domestique où nous introduit l'ÉCONOMIQUE de Xénophon ? Musonius et Plutarque n'admettaient point que pour l'instruction morale on fît aucune différence entre les sexes : ils voulaient, l'un, que le frère et la sœur reçussent les mêmes principes ; l'autre, que l'époux fît part à l'épouse de ce qu'il avait recueilli de meilleur dans ses études ou trouvé dans son propre fonds de plus exquis. En s'appropriant ces préceptes de la sagesse profane, le christianisme les avait, pour ainsi dire, pénétrés de tendresse. Les LETTRES de saint Jérôme à Læta sur la manière d'élever sa fille, et à Gaudentius sur l'éducation de la petite Pacatula, respirent un véritable amour de l'enfance en même temps qu'une connaissance éclairée de ses besoins, et tout le moyen âge a vécu sur les règles que saint Jérôme avait tracées pour les couvents. En dehors des couvents, les habitudes familiales que nous laisse entrevoir, au XIII⁰ siècle, le MÉNAGIER DE PARIS révèlent, à défaut de grandes lumières, des sentiments honnêtes et doux. Cependant les troubadours et les trouvères avaient modifié les mœurs et à l'idéal monastique fait succéder l'idéal chevaleresque. On n'en était plus à se demander, comme au concile de Mâcon, si les femmes avaient une âme. Erasme et Vivès les déclaraient hautement susceptibles de culture. On les égalait aux hommes ; on les plaçait même au-dessus : telle est du moins la thèse que soutiennent Corneille, Agrippa, Brantôme et toute la suite des poètes attachés à Marguerite de Valois. Avec le XVII⁰ siècle, *le débat change encore une fois de caractère. C'est dans les académies, les salons et les ruelles que Mlle de Gournay et Mlle de Scudéry aspirent à faire une place à leur sexe, toutes prêtes, d'ailleurs, à la conquérir par le travail, à ne rien ménager pour assouplir leur esprit aux exercices littéraires les plus subtils et perfectionner leur raison.*

*Il ne serait donc pas exact de dire du traité de Fénelon ce que Montesquieu écrivait en tête de l'*Esprit des Lois *: Prolem sine matre creatam. Il s'était formé avec le temps (et pouvait-il en être autrement ?) tout un trésor d'observations sur les femmes, observations empruntées à la vie des cloîtres ou à la vie des cours, au théâtre ou au sermon, conçues parfois dans un sentiment de défiance malicieuse ou de galanterie exaltée, le plus souvent judicieuses et sagaces ; mais Fénelon est le premier qui, embrassant le sujet dans un examen d'ensemble, ait réuni en une sorte de code les prescriptions propres à élever la jeune fille depuis le moment où ses premiers instincts s'éveillent jusqu'à l'âge où le développement de ses facultés permet de la livrer avec sécurité à la vie commune ; le premier surtout qui ait fondé ce code sur une étude psychologique de l'enfant. Les* Lettres *de saint Jérôme, riches en conseils délicats et sensés, mais ramenés à un objet unique, — la vie intérieure et la religion, — n'ont ni l'ampleur de vues ni la tenue de direction et la suite qui constituent proprement l'art de l'éducation ; les* Entretiens *d'Érasme, semés de traits justes et brillants, mais de traits pris du dehors, pour ainsi* dire, ne sont, à proprement parler, que des manuels de politesse, ou, comme il les appelait lui-même, des Civilités ; le traité de Fénelon est, dans toute l'étendue du sens que nous attribuons aujourd'hui à ce terme, une œuvre de pédagogie. Non seulement « il réunit sous son mince volume plus d'idées justes et utiles, plus de remarques fines et profondes, plus de vérités pratiques que les ouvrages écrits depuis sur le même sujet » (M. de Beausset) ; mais ces idées, ces remarques, ces vérités sont rattachées à des principes qui donnent aux moindres observations que l'auteur en déduit ou qu'il invite à en déduire la cohésion d'un système.

C'est par là 'qu'il est resté un livre unique et inimitable. Ce que nul n'avait fait avant Fénelon, nul après lui n'a entrepris de le refaire. Rollin le suit aveuglément et se borne presque à le reproduire. J. J. Rousseau eût échappé à bien des erreurs malsaines en le prenant pour guide. Ni l'un ni l'autre ne l'ont fait oublier. Et si la pédagogie moderne, éclairée par les découvertes des sciences physiologiques, peut y relever plus d'une erreur, si depuis le XVIIe siècle le champ des connaissances nécessaires s'est agrandi, si surtout les idées politiques et sociales se sont profondément modifiées, tout ce qui tient dans le livre à la doctrine psychologique, tout ce qui repose sur ce fond d'humanité, universel et éternel, que l'enfant porte en germe, s'y détache, comme il y a deux cents ans, en pleine et pure lumière. Mme Necker de Saussure et Mme Guizot, qui, sciemment ou à leur insu, en ont reçu l'inspiration première, sont d'accord sur ce point avec Mme de Maintenon, qui en faisait son bréviaire. Admirablement appropriée aux besoins du temps qui l'a vue naître, l'ÉDUCATION DES FILLES est, par sa portée générale, de tous les temps; et la sagesse avec laquelle y sont résolues les questions fondamentales où la passion se donne si aisément carrière la recommande peut-être plus particulièrement au nôtre [1].

I

Cette maturité de sagesse est d'autant plus remarquable que l'ÉDUCATION DES FILLES est la première œuvre de Fénelon. Mais la sollicitude dont avait été entourée son enfance, une éducation soignée et forte, la méditation solitaire jointe à l'observation du monde, et surtout la pratique assidue de la direction des âmes, l'avaient merveilleusement préparé. « J'ai passé, écrivait-il en 1695, au moment de partir pour son exil de Cambrai, j'ai passé une jeunesse douce, libre, pleine d'études agréables et de commerce avec des amis délicieux. » Quelques traits de sa biographie empruntés à sa propre correspondance et aux mémoires du temps permettront de se rendre compte

---

[1]. Pour l'ensemble de la question on nous permettra de nous référer à notre Mémoire sur l'*Enseignement secondaire des filles*. Paris, Delalain, 3me édition, 1883.

des conditions dans lesquelles son génie pédagogique se développa.

L'importance du rôle qu'il attribue aux mères et la fermeté éclairée à laquelle il les convie ne permettent pas de douter qu'il n'ait dû beaucoup à la sienne, bien qu'il n'en parle dans aucun des écrits qui nous ont été conservés. « Son père, dit Michelet, un grand seigneur, M. de Salignac de La Mothe-Fénelon, veuf et déjà vieux, ayant des enfants âgés, avait épousé, malgré eux, une demoiselle noble et pauvre, Louise de La Cropte de Chantérac. L'enfant qui vint de ce mariage · fut fort mal reçu de ses frères, quoique, destiné à l'Église, il ne pût leur faire tort. Cette situation pénible ne contribua pas peu à lui donner la grâce et la douceur, une certaine adresse aussi pour se faire pardonner de vivre. De ses ancêtres paternels, tous diplomates, il tenait quelque chose d'onduleux et d'insinuant. De sa mère, il eut des dons aimables et singuliers, ces heureuses contradictions qui plaisent dans la femme et en font une énigme. » Il était de complexion délicate, ce qui contribua sans doute à le rendre plus tard si attentif à la santé des enfants ; mais, de bonne heure, il annonça un cœur vaillant et doux, un esprit vif, subtil et contenu. On raconte qu'un jour qu'il prenait l'air aux environs du château le valet

---

1. On sait que François de Salignac de La Mothe-Fénelon est né au château de Fénelon, en Périgord, le 6 août 1651, et qu'il est mort à Cambrai, le 7 février 1715.

auquel il avait été remis en garde laissa échapper un propos qui lui parut manquer de justesse et qu'il releva. Le valet, piqué de l'insistance de l'enfant, le jeta à terre brutalement. Le jeune Fénelon, dans la crainte que sa mère, qui ne le quittait jamais d'ordinaire, ne renvoyât le coupable, se tut et attribua à un accident la blessure qu'il s'était faite.

Il resta jusqu'à douze ans sous cette tutelle familiale. Son précepteur, profondément pénétré de la connaissance des lettres grecques et latines, se plaisait à le nourrir du plus pur miel de l'antiquité : il était en pleine possession de ses auteurs, lorsqu'il fut envoyé à l'université de Cahors pour achever son cours d'humanités et prendre ses degrés. Averti de son zèle et de sa distinction, un de ses oncles, le marquis Antoine de Fénelon, le fit venir à Paris, au collège du Plessis, où, tout en terminant sa philosophie, il entreprit ses études théologiques. Telles étaient les promesses de talent qu'il faisait entrevoir, que, renouvelant l'épreuve à laquelle l'hôtel de Rambouillet avait jadis soumis Bossuet, « on hasarda de le faire prêcher ; son sermon eut un succès extraordinaire » : il venait d'avoir quinze ans. Le marquis, homme de sens et de goût, de qui le grand Condé, son compagnon d'armes, disait « qu'il était également propre pour la conversation, pour la guerre et pour le cabinet », ne vit dans ce succès qu'un danger. Privé d'un fils mort sous ses yeux au siège de Candie, en 1669, il avait reporté sur ce neveu toute son affection. Le fondateur de Saint-Sulpice, M. Olier, ayant, en vue de combattre le duel, formé une association de gentilshommes éprouvés par la guerre qui s'engageaient, sous la foi du serment, à ne provoquer et à n'accepter aucun cartel, l'avait placé à la tête de cette compagnie. Les relations qui s'ensuivirent déterminèrent le marquis à faire entrer Fénelon au séminaire de Saint-Sulpice. Ce fut là qu'il reçut les ordres à vingt-quatre ans.

Saint-Simon, qui lui attribue dès la jeunesse toutes les ambitions dont il a sans compter chargé son âge mûr, nous le montre à cette époque « frappant à toutes les portes sans se les pouvoir faire ouvrir ; piqué contre les jésuites, où il s'était adressé d'abord comme aux maîtres des grâces de son état, et rebuté de ne pouvoir prendre avec eux, se tournant aux jansénistes pour se dépiquer, par l'esprit et par la réputation qu'il se flattait de tirer d'eux, des dons de la fortune qui l'avait méprisé ». Quelque attentif que Fénelon fût à l'avenir, ce n'est pas de ce côté qu'était à ce moment tournée sa pensée. Au séminaire, il avait conçu le projet de se consacrer aux missions du Canada, où la congrégation avait un établissement ; pour l'en détacher il n'avait fallu rien moins que les instances de son maître, l'abbé Tronson, et les adjurations d'un oncle maternel, l'évêque de Sarlat. Peu après sa sortie de Saint-Sulpice, la passion le reprit de se vouer à la conversion des infidèles, et cette fois il se sentit attiré vers la Grèce, cédant en cela à l'entraînement de son imagination « pour les beaux lieux et les ruines toutes pleines des souvenirs de l'antiquité », non moins *peut-être qu'à l'ardeur de sa foi. On essaya de donner satisfaction à ce besoin d'expansion en le plaçant à la tête du couvent des Nouvelles Catholiques (1678).*

L'objet de cet institut, créé en 1664 par le premier archevêque de Paris, Jean de Gondi, était d'affermir les converties dans la doctrine qu'elles s'étaient résolues ou qu'elles se préparaient à embrasser. Le maréchal de Turenne en avait accepté le patronage; Louis XIV le couvrait de sa protection particulière. Fénelon n'était pas étranger au grave et délicat office qu'on attendait de lui. A peine ordonné, le supérieur de Saint-Sulpice l'avait attaché à la communauté, en lui confiant particulièrement le soin des pauvres, la visite des malades, les prônes, les exhortations familières et le catéchisme des enfants. La direction des Nouvelles Catholiques ne faisait qu'étendre le champ de ce ministère, en introduisant le jeune abbé tout à la fois de plus haut et plus à fond dans le secret des âmes. Au témoignage des biographes, ses instructions étaient simples, claires, fermes, engageantes, toujours exactement appropriées à l'âge, à l'intelligence, aux besoins. Il eut bientôt acquis, dans cette sorte d'apostolat, un si grand renom d'autorité douce et persuasive, qu'après la révocation de l'édit de Nantes, des missions ayant été organisées pour ramener les protestants, il fut, sur la proposition de Bossuet, envoyé dans le Poitou et la Saintonge, où la résistance semblait avoir concentré ses efforts.

Dans des publications récentes, on a essayé de détruire ce qu'on appelle la légende de sa tolérance.

Nul doute que ses procédés, si humains qu'ils aient pu être, ne soient loin de répondre à l'idée que nous nous faisons aujourd'hui du respect des consciences. Mais, pour en juger sainement, il faut se reporter au temps où Mme de Sévigné écrivait (28 octobre 1685) : « Les dragons ont été de très bons missionnaires jusques ici. Les prédicateurs qu'on envoie rendront l'ouvrage parfait. » C'est l'action de ces prédicateurs que Fénelon invoque seule et qu'il appuie de sa propre parole. Une expérience précoce lui avait appris qu'il faut compter avec les intérêts et ménager les passions. Il est d'avis de distribuer à certains chefs des pensions secrètes et de créer un fonds réglé pour continuer, en faveur des pauvres, les aumônes du consistoire; il croit qu'on pourrait disperser quelques-uns des plus engagés dans les provinces du cœur du royaume, où l'hérésie n'a pas pénétré, en leur donnant quelque petit emploi qui leur rendît l'éloignement moins pénible. Quant aux rebelles, il ne répugnerait pas à l'idée de les envoyer dans le Canada, où les huguenots faisaient d'eux-mêmes le commerce. Pour tous, il demande qu'on multiplie les maîtres et les maîtresses d'écoles, qui aideront à répandre la bonne parole. Il voudrait, avant tout, prévenir les ventes de meubles, les aliénations de biens et les expatriations inutiles. Point de violences; point de provocations irritantes. « Ce qu'il faut à ces égarés, ce sont des pasteurs sages et doux qui insinuent la doctrine et qui effacent insensiblement les préjugés. » Ainsi conclut-il dans sa lettre au marquis de Seignelay *(juillet 1687), et tel il nous apparaît lui-même au milieu de « ces familles agitées, désunies, en mutuelle défiance », payant de sa personne, joignant aux conseils d'une politique éclairée les pratiques de la charité chrétienne; suspect aux dévots par sa bénignité même, mais, en dépit de tous les obstacles que lui opposent les fanatismes contraires, devenu en peu de temps le maître des esprits et des cœurs. Pour lui permettre d'achever cette œuvre de pacification, ses amis auraient voulu que le roi lui confiât le siège de Poitiers ou l'agréât comme coadjuteur de l'évêque de La Rochelle. Les deux projets ayant échoué, Fénelon rentra à Paris et reprit ses modestes fonctions de supérieur des Nouvelles Catholiques qu'il devait conserver dix ans.*

Avec quelque dévouement qu'il s'y renfermât, il ne laissait pas de s'ouvrir de tous les côtés des vues sur le monde et « de se former à l'usage de la meilleure compagnie » (Saint-Simon). Pour se rapprocher de la congrégation dont il avait la charge, il avait dû quitter la communauté de Saint-Sulpice, et était allé s'établir chez le marquis de Fénelon, à qui le roi avait accordé un logement dans l'abbaye de Saint-Germain des Prés. Il y rencontrait ce que l'élite de la société du temps comptait d'esprits graves et distingués. C'est là qu'il avait connu Bossuet, qu'il séduisit dès l'abord par les grâces de son esprit et par l'aimable austérité de sa vie; là aussi, sans doute, qu'il se trouva rapproché du duc de Beauvilliers et du duc de Chevreuse. Bien que le marquis fût plus dis-

INTRODUCTION

posé à rechercher l'édification des entretiens sérieux que l'agrément des conversations mondaines, les femmes n'étaient pas exclues de ce cercle choisi. Les deux sœurs de la duchesse de Beauvilliers, les duchesses de Luynes et de Mortemart et Mme de Maintenon à l'ordinaire, souvent aussi la comtesse de Gramont et la maréchale de Noailles, en formaient le fond. Fénelon ne s'y montrait qu'avec réserve. Il n'avait d'autre revenu qu'un bénéfice de trois à quatre mille livres qu'il tenait de son oncle l'évêque de Sarlat, et, s'il faut en croire Saint-Simon, cette médiocre fortune lui était un obstacle ; en réalité elle ne faisait peut-être que servir son caractère et ses desseins. Au milieu des relations qui le recherchaient, il évitait de se lier. Il était de tout, sans paraître avoir part à rien. L'archevêque de Paris, M. de Harlay, craignant de le voir s'attacher à Bossuet, dont il redoutait l'autorité, eût aimé à lui faire dans sa confiance une place à part; Fénelon se dérobait, au risque de s'attirer un reproche qui pouvait sembler une menace : « Monsieur l'abbé, lui dit un jour l'archevêque, vous voulez être oublié, vous le serez. »

Tout ce travail de recueillement, de prédication intime, d'habileté soutenue, d'action discrètement pénétrante, de tenue supérieure dans le monde comme au couvent, n'allait pas, d'ailleurs, sans d'heureux tempéraments de jeunesse et de gaieté. Fénelon avait naturellement l'esprit riant. Le vif ressouvenir des disgrâces qui traversèrent sa vie ne paraît point avoir jamais altéré ni même recouvert ce *fond d'enjouement; on en peut suivre la veine légère et aimable dans tout ce qui nous reste de ses premiers écrits. Deux lettres particulièrement nous en ont conservé le témoignage. Elles sont l'une et l'autre datées de Sarlat et de l'année où Fénelon avait dû se rendre auprès de son oncle pour recueillir le prieuré de Carénac (mai et juin 1681); toutes deux aussi sont adressées à une cousine, la marquise de Laval. Dans la seconde, Fénelon lui rend compte d'un plaidoyer qu'il a entendu à l'audience publique du tribunal de Sarlat. La première est le récit de son entrée magnifique dans la province. « M. de Rouffillac pour la noblesse, dit-il; M. Roze, curé, pour le clergé; M. Rigaudie, prieur des moines, pour l'ordre monastique, et les fermiers de céans pour le tiers état, viennent jusqu'à Sarlat me rendre leurs hommages. Je marche accompagné majestueusement de tous ces députés, et j'aperçois le quai bordé de tout le peuple en foule... Les troupes s'étaient cachées dans un coin de la belle île que vous connaissez; de là, elles vinrent en bon ordre de bataille me saluer avec beaucoup de mousquetades..... Le fougueux coursier que je monte, animé d'une noble ardeur, veut se jeter dans l'eau; mais moi, plus modéré, je mets pied à terre au bruit de la mousqueterie qui se mêle à celui des tambours. Je passe la belle rivière de Dordogne, presque toute couverte de bateaux qui accompagnent le mien. Au bord m'attendent gravement tous les moines en corps; leur harangue est pleine d'éloges sublimes; ma ré-*

ponse a quelque chose de grand et de doux. Cette foule immense se fend pour m'ouvrir un chemin; chacun a les yeux attentifs pour lire dans les miens quelle sera sa destinée; je monte ainsi jusqu'au château d'une marche lente et mesurée, afin de me prêter pour un peu de temps à la curiosité publique. Cependant mille voix confuses font retentir des acclamations d'allégresse, et l'on entend partout ces paroles : « Il sera les délices de ce peuple ». Me voilà à la porte, déjà arrivé, et les consuls commencent leur harangue par la bouche de l'orateur royal. A ce nom, vous ne manquez pas de vous représenter ce que l'éloquence a de plus vif et de plus pompeux. Qui pourrait dire quelles furent les grâces de son discours? Il me compara au soleil; bientôt après, je fus la lune; tous les autres astres les plus radieux eurent ensuite l'honneur de me ressembler; de là, nous en vînmes aux éléments et aux météores, et nous finîmes heureusement par le commencement du monde. Alors le soleil était déjà couché, et, pour achever la comparaison de lui à moi, j'allai dans ma chambre pour me préparer à en faire de même. »

Cette scène, où se jouent la verve et la gentillesse de la vingtième année, — bien que Fénelon fût à la veille d'accomplir sa trentième, — achève, semble-t-il, de nous le représenter à ce moment de sa vie, tel que Saint-Simon le peindra plus tard sous ses traits définitifs, avec un indéfinissable mélange de gravité et de bonne grâce, imposant et aimable, toujours empressé à plaire et déjà habitué à gouverner, muni pour une œuvre d'éducation de toutes les ressources que peut fournir la nature ou créer l'observation. Parmi ceux qui l'approchaient il n'était personne qui ne se fît honneur de s'éclairer de ses lumières. C'est ainsi qu'un jour la duchesse de Beauvilliers lui demanda des conseils sur ses devoirs de mère. Elle avait huit filles, sans compter les garçons. « Comme elles étaient encore trop jeunes, dit le cardinal de Beausset, pour que Fénelon pût indiquer, par rapport à chacune d'elles, les modifications que tout instituteur doit employer, selon la différence des caractères, des penchants et des dispositions, il généralisa toutes ses vues et toutes ses maximes. » C'est y mettre, en vérité, bien du raisonnement et du calcul. La source s'épancha simplement et naturellement. Ce qui devait être une consultation privée devint un livre bientôt répandu dans le public et dont Mme de Maintenon fut la première à s'emparer[1].

---

1. C'est le 29 mars 1687 que, d'après le privilège du roi, « le livre a été achevé d'imprimer ». Quelques bibliographes indiquent 1681 comme date de sa composition. Fénelon l'aurait donc écrit pendant son séjour à Carénac : ce qui n'a rien d'invraisemblable. L'intervalle entre la composition et la publication n'offre rien non plus qui ne soit dans les usages du temps. Voici ce que Claude Fleury nous apprend lui-même au sujet de la publication de son *Traité du choix et de la méthode des études*. « Ce discours fut composé d'abord en 1675, par l'ordre d'une personne à qui je devais obéir, pour servir à l'éducation d'un jeune enfant. Je le corrigeai en 1677 et en laissai prendre quelques copies.

II

Avant d'en aborder l'étude, on est tout d'abord porté à se demander comment Fénelon appréciait le rôle social des femmes et quelle idée il se faisait de leur aptitude à recevoir l'éducation.

Le XVIIe siècle, le siècle par excellence de la règle et de la raison, a eu sur cette question ses entraînements, presque ses folies de doctrine. C'est au moment où la gloire de Louis XIV resplendissait de tout son éclat et alors que rayonnait autour du trône la pléiade incomparable des hommes qui, dans les lettres, les sciences, les arts, l'administration, la politique et l'église, ont contribué à donner au siècle le nom de Grand, c'est à ce moment qu'on se demandait, dans une sorte de pamphlet qui à vingt ans de distance devait être imprimé deux fois, pourquoi les femmes ne seraient pas aussi capables que les hommes de remplir tous les emplois de la société. « *Si l'on trouvait chose plaisante d'abord,* écrivait Poulain de La Barre[1], *de voir une femme enseigner dans une*

J'y travaillai encore en 1684 et je le laissai mûrir... Je me suis enfin résolu à le donner, après l'avoir encore retouché, en cette année 1686. »

1. *De l'égalité des deux sexes, leçons physiques et morales où l'on voit l'importance de se défaire des préjugés*, par POULAIN DE LA BARRE. Paris, 1673, 1691. — Cf., par

chaire l'éloquence et la médecine en qualité de professeur, marcher par les rues suivie de commissaires et de sergents pour y mettre la police, haranguer devant les juges en qualité d'avocat, être assise au tribunal pour y rendre la justice à la tête d'un parlement, conduire une armée et livrer une bataille, faire office de pasteur ou de ministre, parler devant les républiques ou les princes comme chef d'une ambassade, ce n'est que faute d'habitude, on s'y ferait. » Sans doute il ne faut pas prendre absolument la thèse au sérieux; il est évident que Poulain de La Barre s'amusait de ses propres arguments. Ce n'était pas toutefois un pur jeu d'esprit. Moins d'une année avant la publication de l'ÉDUCATION DES FILLES, un juge grave et éclairé, pénétré des mêmes idées que Fénelon, son compagnon de mission en Saintonge et plus tard son collaborateur dans l'éducation du duc de Bourgogne, l'abbé Claude Fleury, pouvait dire sans crainte d'être démenti : « Ce sera sans doute un grand paradoxe de soutenir que les filles doivent apprendre autre chose que leur catéchisme, la couture et divers petits ouvrages : chanter, danser et s'habiller à la mode, faire bien la révérence et parler civilement : car voilà en quoi consiste, pour l'ordinaire, toute leur éducation[1]. » On avait érigé l'ignorance en système,

---

le même, l'Éducation des dames pour la conduite de l'esprit dans les sciences et dans les lettres, Entretiens, 1679.

1. Traité du choix et de la méthode des études, par CLAUDE FLEURY. Paris, 1686. Voir page XVI, note.

isole les femmes dans l'insignifiance et l'oisiveté; par un autre excès, on les jetait aux extrêmes d'une égalité chimérique et d'une émancipation désordonnée. Les esprits les plus rassis, en dépit de certaines visées d'imagination, comme Mlle de Scudéry, s'y laissaient tenter : rien ne paraissait à l'auteur du GRAND CYRUS moins digne d'une dame que d'être « la femme de son mari, la mère de ses enfants, la maîtresse de sa famille ». C'est la naïveté entretenue comme vertu souveraine qui engendre, tôt ou tard, la pédanterie et la sottise; ce sont les Agnès qui font les Philamintes et les Bélises. N'est-ce pas l'égale impatience des deux excès contraires qui excitait la verve et la raison de Molière lorsque, sous la figure d'Henriette, il rétablissait si dignement la femme au foyer domestique, en la parant de toutes les grâces du bon sens? Et ce n'est pas seulement Henriette qui épouse un honnête homme. Armande aussi est destinée à se marier, « quoi qu'on die »; moins heureusement peut-être : c'est la rançon de ses erreurs; mais elle fera souche comme sa sœur, et elle n'élèvera certainement pas ses enfants comme elle a été élevée elle-même. Ce que Chrysale demande à Philaminte dans sa sagesse bornée et vulgaire, mais justifiée par les extravagances de sa femme, c'est qu'elle renonce à chercher ce qu'on fait dans la lune pour se mêler un peu de ce qu'on fait chez elle. Le retour aux soins de la famille, telle nous paraît être la haute moralité des FEMMES SAVANTES; et cette conclusion que Molière laisse tirer de sa pièce est la leçon directe qui ressort de l'ÉDUCATION DES FILLES.

« La femme, écrit Fénelon, n'a point à gouverner l'État, ni à faire la guerre, ni à entrer dans le ministère des choses sacrées. Ni la politique, ni la jurisprudence, ni la philosophie, ni la théologie, ne lui conviennent. » — Se proposait-il de répondre à Poulain de La Barre? — « Elle a une maison à régler, un mari à rendre heureux, des enfans à bien élever. » — Ne semble-t-il pas ici qu'il réfute à son tour Mlle de Scudéry? — Et ailleurs, reprenant la même pensée pour la développer : « C'est la femme, dit-il, qui est chargée de l'éducation des garçons jusqu'à un certain âge, des filles jusqu'à ce qu'elles se marient ou se fassent religieuses, de la conduite des domestiques, de leurs mœurs, de leur service, du détail de la dépense, des moyens de faire tout avec économie et honorablement. » Tel est le rôle auquel l'a destinée la nature et que lui prescrit la sagesse. D'ailleurs, en assignant ces limites à son action, il ne croit pas la borner ni la contraindre. Si les femmes s'y méprennent, c'est qu'elles ne connaissent pas l'étendue de leurs devoirs, non moins importants au public que ceux des hommes. Ne sont-ce pas elles qui, par le règlement de toutes les choses domestiques, ruinent ou soutiennent les établissements? Et quelle autorité ne leur faut-il pas, — autorité de bienveillance et de raison, — pour conduire tous ceux qui ont part au gouvernement de tels intérêts? Quel discernement pour connaître le génie de leurs enfants, découvrir leur humeur, prévenir les passions naissantes, inculquer à propos les bonnes maximes?

Dira-t-on que ces devoirs sont renfermés et tristes? Fénelon n'admet nullement que la solidité en exclue la douceur. Il répand sur les occupations de la femme la grâce et la vie. Il semble que son imagination, en traçant cet idéal de la vie familiale, ait été illuminée de quelques-uns des plus charmants souvenirs de l'Économique de Xénophon, — un de ses livres de chevet, le seul ouvrage en prose que nous trouvions indiqué au programme des explications grecques du duc de Bourgogne. La femme telle qu'il la conçoit n'est pas seulement la femme forte de l'Évangile. Comme l'épouse d'Ischomaque, elle est la reine de la ruche, l'ornement et l'âme du foyer.

On peut par là même pressentir la façon dont Fénelon juge son aptitude à recevoir l'éducation. Ménage, annonçant le succès des Caractères de La Bruyère, ajoutait que, « si l'ouvrage avait paru trente ou quarante ans plus tôt, il aurait eu moins de réputation, parce que les femmes y sont trop mal traitées et que, pour lors, elles étaient en possession de décider ». Le trait n'atteint pas seulement La Bruyère. Il est certain qu'en général les écrivains de la seconde génération du XVIIᵉ siècle se montrent moins favorables aux femmes que ceux de la première. L'éclat avec lequel elles avaient exercé leur autorité offusquait-il les esprits, comme semble l'insinuer Ménage? Était-ce simplement la tristesse de la fin du règne dont l'ombre commençait à s'étendre? Toujours est-il qu'après avoir admiré les qualités des femmes presque outre mesure, on semblait n'être plus frappé que de leurs défauts.

Il y aurait mauvaise grâce à s'étonner que Nicole, dans sa sévérité janséniste, les trouvât faibles par elles-mêmes et plus affaiblissantes encore par les sentiments qu'elles excitent, ou que Bossuet, cédant à un mouvement d'humeur éloquente, leur rappelât qu'elles ne faisaient, après tout, que sortir d'un os complémentaire de l'homme. Mais Malebranche, qui se piquait justement de délicatesse, ne les ménageait pas davantage. S'il reconnaît qu'il y a des femmes savantes, des femmes courageuses, des femmes capables de tout, comme il se trouve, au contraire, des hommes mous et efféminés qui ne sont capables de rien; s'il leur accorde que c'est à elles qu'il appartient « de décider des modes, de discerner le bon air et de juger de la langue », il leur dénie absolument « la force d'esprit nécessaire pour pénétrer au delà de l'écorce des choses et en percer le fond ». Moins indulgent encore, La Bruyère ne leur attribuait d'autre supériorité que celle du genre épistolaire « en raison de l'art qu'elles possèdent de faire lire dans un seul mot tout un sentiment et de rendre délicatement une pensée délicate ». Les femmes savantes excitaient son impatience : il les compare à « une pièce de cabinet que l'on montre aux curieux, qui n'est point d'usage, qui ne sert ni à la guerre, ni à la chasse, non plus qu'un cheval de manège, quoique le mieux instruit du monde ». Quant aux ignorantes, il se refusait à les plaindre : qui les empêche d'ouvrir les yeux, de lire, de retenir ce qu'elles ont lu et de se rendre compte? Saint-Évremond est peut-être le seul moraliste de cette période dont le ton tranche sur ce fond de critique chagrine. « Rien n'échappe à la pénétration de la femme dont il trace le portrait : son discernement ne laisse rien à désirer ; c'est une raison qui plaît et un bon sens agréable. » Il est vrai que ce portrait est celui de « la femme qui ne se trouve point et qui ne se trouvera jamais ». Les femmes elles-mêmes étaient devenues sévères pour leur sexe. Ce n'est point seulement contre les hommes que Mme de Maintenon s'attache à mettre en garde les élèves de Saint-Cyr ; elle se défie du caractère des femmes. Elle n'a pas beaucoup plus de confiance dans leur esprit : « Jamais, disait-elle, elles ne savent qu'à demi ».

Fénelon n'a point de ces rigueurs. Il ne porte dans ses jugements aucune complaisance ; il connaît le penchant des jeunes filles à la mollesse ; il n'ignore pas qu'elles ont l'imagination errante et crédule, la sensibilité vive et inquiète, qu'elles se laissent entraîner par le babillage, enivrer par le bel esprit, dominer par la fausse honte, qu'elles sont nées artificieuses, passionnées, extrêmes en tout, qu'un violent désir de plaire les travaille, les livre à l'amour du faste, les expose à la corruption des mœurs et à la ruine. Il entend bien ne se laisser surprendre par aucun de ces penchants dangereux ; il les analyse avec profondeur, il les décrit avec force, presque durement. Mais ce n'est point là toute la femme. Elle a aussi ses vertus propres: elle est naturellement industrieuse, attentive au détail, ordonnée, apte à comprendre, insinuante et persuasive; elle a par excellence la finesse, la grâce, le don de « policer » ; elle a surtout la raison pour développer ses qualités et se guérir de ses faiblesses; la raison qui l'égale à l'homme : n'est-elle pas « la moitié du genre humain » ?

III

Mais quel régime d'éducation convient-il de lui appliquer? On n'analyse pas plus un traité de pédagogie qu'un traité de morale pratique : il faut le lire. Le cardinal de Beausset, qui avait entrepris de résumer l'ÉDUCATION DES FILLES, a dû y renoncer, ne trouvant, dit-il, rien à omettre. La difficulté ne vient pas seulement de l'abondance charmante des observations. Elle tient aussi en partie à ce que Fénelon développe ses idées comme elles lui viennent à l'esprit et sans se piquer de rigueur. Rien ne ressemble moins à un traité en forme. L'auteur n'a nul souci d'équilibrer sa composition : il donne à la pédagogie générale, par exemple, beaucoup plus que ne semble l'exiger une consultation spéciale aux filles; ses conseils sur l'explication raisonnée de l'*Écriture sainte ne tiennent pas moins de trois chapitres, tandis qu'il rassemble en quelques pages tout ce qu'il lui semble utile de dire sur l'ensemble des matières de son programme d'enseignement. De même dans le détail; il s'étend ou coupe court suivant l'inspiration du moment : il a des retours inattendus et des conclusions anticipées; il se laisse conduire, en un mot, par sa plume et ne lui refuse aucune aisance. Mais de ces réflexions trop souvent disproportionnées et discursives, qui se succèdent plutôt qu'elles ne s'enchaînent, et qui parfois ressemblent trop à une suite de notes, il se dégage un ensemble de principes et de méthodes qui forment un véritable corps de doctrine.*

« *Envoyez-moi votre fille* », *écrivait saint Jérôme à Læta; je me charge de l'élever.* « *Gardez auprès de vous votre fille* », *répond Fénelon à une mère qui lui avait demandé son avis. Le conseil était nouveau. Le couvent était resté la ressource commune, presque la seule ressource d'éducation pour les jeunes filles. Fénelon n'hésite pas à en signaler les dangers.* « *J'estime fort l'éducation des bons couvents, dit-il, mais je compte encore plus sur les soins d'une bonne mère, quand elle est libre de s'y appliquer. Si un couvent n'est pas régulier, c'est une école de vanité : les jeunes filles n'y entendent parler du monde que comme d'une espèce d'enchantement : il n'est pas de poison plus subtil; mieux vaut le monde lui-même qu'un couvent mondain. Si l'établissement est demeuré fidèle à l'esprit de son institut, l'ignorance absolue du siècle y règne : l'enfant qui en sort pour entrer dans la vie est comme une personne qu'on aurait nourrie dans les ténèbres d'une profonde caverne, et qu'on ferait tout d'un coup passer au grand jour; rien ne peut être plus redoutable pour une imagination vive que cette surprise soudaine. C'est à la mère sage et discrète qu'il convient d'introduire peu à peu la jeune fille dans la société où elle doit vivre et d'y accoutumer sa vue. Elle seule d'ailleurs peut découvrir dans son esprit et dans son cœur les mouvements qu'il importe de connaître pour la bien diriger. Il est vrai que, même en se consacrant à ce devoir, la mère a des charges qui ne lui permettent pas d'avoir toujours l'enfant sous les yeux ni de la mener partout avec elle : occupations intérieures qu'il faut remplir à heures fixes, commerce de bienséances qu'il convient d'entretenir au dehors. Aussi est-il utile qu'elle ait près de soi une personne d'un esprit bien réglé qui lui rende compte. Toutefois, pour si sûre que cette garantie puisse être, elle sera le plus souvent insuffisante : ce n'est que dans les cas de nécessité qu'une mère doit quitter sa fille, si elle ne veut que, par leurs discours, par le spectacle de leurs inimitiés et de leurs désordres, les gens de la maison, qui, pour l'ordinaire, sont autant d'esprits de travers, ne fassent pas en huit jours plus de mal qu'elle ne saurait faire de bien en plusieurs années. Enfin, quelque peine qu'elle prenne de veiller sur les autres, cette vigilance ne portera ses fruits qu'autant qu'elle s'en appliquera à elle-même toute la sévérité. Le plus grand obstacle à l'éducation domestique, c'est l'irrégularité des parents : ce sont eux d'ordinaire qui apprennent aux enfants à n'aimer rien ou à mal placer leur attachement. Qu'attendre d'une jeune fille sous les yeux de laquelle on fait tout le contraire de ce qu'on professe? Quelle autorité peuvent avoir les conseils les plus graves donnés au retour du jeu ou de la comédie? Quelle force au contraire que celle qui repose sur l'exemple de l'assujettissement aux maximes que l'on enseigne! Et quoi de plus doux que de se donner au soin de former le caractère et l'intelligence d'un enfant!* » Si Fénelon met à ce bonheur des conditions difficiles à remplir, on ne saurait méconnaître que du même coup il en rehausse singulièrement le prix. Ce n'est certes pas Mme de Sévigné qui l'aurait contredit, elle qui félicitait Mme de Grignan que « Pauline ne fût pas parfaite, parce qu'elle se divertirait à la repétrir ».

Cependant il ne suffit pas qu'une jeune fille soit élevée sous les yeux de sa mère pour être bien élevée. Il importe que l'éducation ait ses règles, — règles essentiellement différentes suivant la condition, la profession, la fortune des enfants auxquels elles s'appliquent. Fénelon a le vif sentiment de ce que nous appelons aujourd'hui les dangers du déclassement. Ce qui le touche, c'est moins la crainte de voir l'équilibre social déconcerté par des ambitions déréglées que l'idée du trouble apporté par le malaise des déceptions au bonheur des particuliers. « Il n'y a guère de personnes, dit-il, à qui il n'en coûte cher pour avoir trop espéré. » Les enfants de la duchesse de Beauvilliers étaient destinés à une vie de seigneurie provinciale, vie étroite et retirée, où le bonheur consistait en grande partie dans l'administration attentive d'une petite fortune : c'est cet avenir modeste qu'il a manifestement en vue toutes les fois qu'il pense à approprier plus particulièrement ses prescriptions aux besoins pour lesquels il a été consulté. Il applique le même principe à tous les genres de vie. « Si une fille doit vivre à la campagne, de bonne heure tournez son esprit aux occupations qu'elle y doit avoir, et montrez-lui les avantages d'une existence simple et active ; si elle est d'un médiocre état de la ville, ne lui faites point voir des gens de la cour : ce commerce ne lui servirait qu'à lui faire prendre un air ridicule et disproportionné. » Se renfermer dans les bornes de sa condition, telle est sa maxime. Il en pousserait la sagesse presque jusqu'à l'exagération, tant il est convaincu qu'une éducation qui ne s'ajuste pas à la fortune est pleine, pour les jeunes filles, de mécomptes et de périls. Leur intérêt, comme l'intérêt commun, est de « leur former l'esprit pour les choses qu'elles auront à faire toute la vie ».

Ce sens du réel est un des traits les plus caractéristiques de la pédagogie générale de Fénelon. Il est le premier à convenir que dans son traité il a sacrifié un peu à l'idéal : « Quand on entreprend un ouvrage sur la meilleure éducation qu'on peut donner aux enfants, ce n'est pas pour donner des règles imparfaites ». J. J. Rousseau dira de même, soixante ans plus tard, dans la préface de l'ÉMILE : « J'aimerais mieux suivre en tout la pratique établie que d'en prendre une bonne à demi. » Mais Fénelon ne propose « ce qui lui semble parfait que pour qu'en s'efforçant d'y atteindre on arrive à quelque chose de mieux que ce qui se fait d'ordinaire ». J. J. Rousseau se place systématiquement dans l'absolu. Il isole son élève du reste du monde et le transporte avec lui entre ciel et terre : Émile ne serait nulle part mieux que dans « une île déserte ». Sa vie n'est qu'une sorte d'artifice ; J. J. Rousseau ne compte ni avec les imperfections de la nature ni avec les difficultés de la vie sociale. Tout autre est la théorie de Fénelon. Qu'il s'agisse de la mère, de la gouvernante ou de l'enfant, la pratique des choses humaines l'a habitué à faire en toute chose la part de l'humanité, et il la fait. S'il conclut que telle jeune fille sera mieux auprès de sa mère que dans le meilleur couvent qu'on lui pourrait choisir, il sent que c'est un conseil que l'on ne saurait donner à tout le monde, et il ajoute que, même pour la plus sage des mères, le conseil n'est praticable qu'à la condition de n'avoir qu'une fille. Il se garde bien, d'autre part, de supposer chez les enfants un caractère accompli, et dans les circonstances de leur éducation un concours à souhait ; il a en vue, au contraire, des naturels médiocres, et il calcule toutes les chances de déception. Il n'ignore pas surtout que *les choses les plus simples ne se font pas d'elles-mêmes et qu'elles se font toujours mal par les esprits mal faits. Aussi n'a-t-il qu'une confiance restreinte dans l'action des gouvernantes. Il ne néglige rien pour les former ; il a une sorte de manuel tout prêt à leur placer entre les mains ; il croit en outre qu'il n'est pas impossible qu'une mère soucieuse comme il convient de l'intérêt de ses enfants trouve dans sa maison, dans ses terres, chez quelque amie ou dans une communauté bien réglée, un sujet d'un talent à mettre à l'épreuve : cinq ou six institutrices formées de cette manière seraient capables d'en former bientôt un grand nombre d'autres ; il s'achemine ainsi tout naturellement à l'organisation d'une école normale telle que Saint-Cyr devait bientôt en ébaucher la première idée. Mais ce moyen de sélection si finement entendue et si sagement préparée ne l'engage dans aucune illusion. Pour appliquer ses conseils, il se contentera d'intelligences ordinaires, ne pouvant mieux espérer. Il n'exige pas au surplus qu'on vise « au plus fin » ; il lui suffit « qu'on conçoive le gros ». Nous reproduisons à dessein ses expressions dans leur simplicité. « Je sais, écrit-il encore, qu'on ne fait pas en général ce que je demande, et cependant ce que je demande n'a rien d'accablant et d'impraticable. De quoi s'agit-il au fond ? d'être assidu auprès des enfants, de les observer, de les mettre en confiance, de répondre nettement et de bon sens à leurs petites questions, de laisser agir leur naturel, et de les re-*

dresser avec patience lorsqu'ils se trompent ou font quelque faute.' » Il est bien peu d'éducateurs qui à la conception d'un idéal généreux aient joint une appréciation aussi juste et aussi mesurée des moyens d'y prétendre. Fénelon a la notion exacte du possible dans le parfait, du possible pour le présent et du possible pour l'avenir. Il ne s'épargne à lui-même aucune objection, il compose avec les difficultés. « Le monde, disait-il, n'est pas un fantôme » ; nous dirions aujourd'hui une abstraction. Avec lui, en effet, on se sent bien en pleine réalité, dans le courant inégal et ondoyant de la vie.

Mais, s'il admet tous les tempéraments que l'humanité comporte, il est un principe sur lequel tout relâchement lui paraîtrait absolument funeste. L'éducation est, à ses yeux, une œuvre de prévoyance, de suite et de persuasion. Entreprise dès le berceau, elle doit être soutenue pendant toute la jeunesse et de façon à pénétrer par le raisonnement ou le sentiment jusqu'au fond de l'esprit et du cœur. On ne gagne rien à aller au jour le jour sans intention réfléchie et à s'appuyer sur des règlements qui n'engendrent que la crainte. On croit couper au plus court ; la vérité est qu'on fait fausse route et que par ce chemin, qui est suivi pour l'ordinaire, on n'arrive point. Cette façon d'agir, livrée au hasard, superficielle, gênée, violente, trompe tout le monde, le maître et l'enfant. Un jour vient où, avertis par leurs fautes, les jeunes gens sont forcés de recommencer sur eux-mêmes le travail qu'on n'a pas fait avec eux et pour eux : heureux encore quand, par l'accumulation des erreurs commises ou des habitudes contractées, les obstacles ne sont pas devenus insurmontables ! L'enfant se prête d'ailleurs à toute action qui s'exerce avec mesure et avec tact. Pour les jansénistes, l'homme vient au monde vicieux et corrompu ; le poids du péché originel l'entraîne. Dans le système de J. J. Rousseau, l'homme naît pur et bon ; c'est la société qui le pervertit. Ni cette austérité sombre ni cet optimisme chagrin ne répondaient au sentiment de Fénelon. Il prend l'enfant tel qu'il se donne dans la franchise et la spontanéité de ses instincts mêlés de bien et de mal. « Il faut se contenter, dit-il, de suivre et d'aider la nature. » Il met à profit tous les moyens qu'elle lui fournit ; il ne se prive d'aucun des ressorts dont il peut se faire un appui : amour-propre, émulation, éloges ; il se défend de toute prévention de système : la seule fin qu'il se propose est « de diriger, en l'éclairant, cette âme qui n'a encore de pente vers aucun objet ».

Pour revendiquer ces principes avec tant de force, il faut avoir une grande foi dans leurs effets. « C'est un excès de confiance dans les parents, disait La Bruyère, d'espérer tout de la bonne éducation de leurs enfants, et une grande erreur de n'en rien attendre. » Fénelon est de ceux qui en attendent beaucoup. Il convient qu'il y a des natures ingrates sur qui la culture fait peu, et que la meilleure culture risque de ne rien faire, lorsqu'elle n'est point prise à temps. les éducations traversées peuvent être difficiles; les éducations négligées ou mal réglées dans leur commencement forment comme une espèce de second péché originel dont on ne se rachète plus. Mais à qui faut-il en imputer la faute, si ce n'est à ceux qui sont chargés de les conduire? Dans un plan bien concerté, il n'est rien qui ne serve : les plus petites choses ont des suites insensibles qui, le branle une fois donné, agissent et portent; les premiers préjugés, — c'est-à-dire les habitudes profondément inculquées dès l'enfance, — sont tout-puissants ; le pli en est ineffaçable et se conserve sous les transformations de l'âge. Fénelon revient à plusieurs reprises sur cette thèse; il en marque, il en presse hardiment les conséquences, chaque fois que l'occasion s'en rencontre. A voir avec quelle confiance raisonnée il subordonne la nature à l'éducation, on comprend que la transformation du duc de Bourgogne ne lui ait pas paru une entreprise au-dessus de ses forces et quel esprit il y appliqua.

Tels sont, dans leurs caractères généraux, les principes sur lesquels repose l'ÉDUCATION DES FILLES. Les méthodes qui s'y rattachent ne présentent pas moins de précision ni d'intérêt.

IV

Mme Necker de Saussure estime que, jusqu'à dix ans, les filles et les garçons peuvent être élevés suivant les mêmes règles. C'était aussi, à ce qu'il semble, le sentiment de Fénelon. Non qu'il admette que les garçons soient mêlés aux filles ; sur ce point, il va jusqu'à interdire aux filles toute société avec des compagnes dont l'esprit n'est pas suffisamment réglé et sûr — même pour les divertissements. Mais les méthodes applicables à l'éducation du premier âge diffèrent si peu, dans sa pensée, avec les sexes, qu'à peine éprouve-t-il deux ou trois fois le besoin d'indiquer que telle prescription concerne plus particulièrement les filles : c'est l'enfant, fille ou garçon, l'enfant dans les débuts de sa croissance intellectuelle et morale, qu'il étudie en rapportant toutes ses observations à un régime commun.

Cette première éducation n'est, au surplus, qu'une sorte de discipline préparatoire, et Fénelon en ramasse toute la doctrine en un seul mot qu'il a donné pour titre à l'un de ses chapitres les plus substantiels : « Il ne faut pas presser les enfants ». Nos systèmes modernes témoignent en général d'une idée de hâte fiévreuse. Il faut partir de bonne heure, aller devant soi sans compter, arriver vite ; et, comme la rapidité avec laquelle on fait le chemin n'en saurait diminuer ni la difficulté ni la longueur, on précipite, on force la marche, au risque de briser ou de fausser tous les ressorts de l'intelligence et du caractère. Fénelon croit utile, nous l'avons vu, de commencer l'éducation dès le berceau, et même, comme s'il craignait de s'être trop avancé à cet égard, il s'en excuse presque. Mais, si les premières impressions naturelles lui paraissent bonnes à mettre à profit, c'est à la condition de suivre l'enfant, non de le devancer, de discipliner doucement ses facultés naissantes, non de leur faire une sorte de violence en les obligeant ou même en les invitant par des procédés de culture artificielle à s'épanouir avant le temps. Il estime qu'à prévenir la nature on ne gagne rien, bien plus, qu'on court le danger de tout compromettre. L'objet de l'éducation du premier âge ne peut être que de donner au caractère sa direction, de frayer à l'intelligence ses voies.

C'est du caractère que Fénelon s'occupe tout d'abord, bien qu'à vrai dire, à ce moment, il ne distingue guère le caractère de l'intelligence : ses observations embrassent dans son ensemble le développement de l'enfant. Or, pour diriger l'enfant, le premier besoin est de le connaître, et pour le connaître il faut, par une conduite ouverte, aimable, familière sans bassesse, le mettre en pleine liberté de découvrir ses inclinations. De tous les défauts, l'hypocrisie est le plus grave, parce que, indépendamment du mal qu'il fait par lui-même, il sert de masque aux autres rien de plus dangereux que les caractères politiques, dont la docilité calculée et la douceur apparente cachent une volonté âpre qui ne se marque qu'alors qu'il n'est plus temps de la corriger. Quelque effort d'observation et de patience qu'il en coûte pour voir clair dans l'esprit de l'enfant, tout doit être sacrifié à cet objet. Point de feinte, point de finesse, point d'entourage « de petits esprits, de gens indiscrets et sans règle qui fassent métier de flatterie » ; point de complaisance pour soi-même : l'enfant, qui ne s'y trompe pas, ne devient ou ne reste sincère qu'envers ceux qui sont sincères avec lui ; s'il voit qu'on se pardonne trop aisément les fautes que l'on commet, il se réfugie dans une sorte d'indulgence pour ses propres passions ; il se garde et ne se laisse plus pénétrer. De tous les attraits propres à le gagner à la simplicité et à la confiance, la gaieté est le meilleur et le plus nécessaire. Quel peut être sur une jeune fille l'effet « de la compagnie d'une mère qui l'observe et la gronde sans cesse, qui croit la bien élever en ne lui pardonnant rien, qui se compose avec elle, qui lui fait essuyer ses humeurs, qui lui paraît toujours chargée de tous les soucis domestiques, la gêne et la rebute ; qui, préoccupée de son directeur, la tourmente jusqu'à ce qu'elle le lui ait fait adopter et qui l'oblige à faire un personnage forcé pendant plusieurs années » ? Cette sorte de contrainte est le plus sûr moyen de repousser les enfants en eux-mêmes. Ils n'auraient pas tant d'envie au moins d'aller chercher des sociétés moins bonnes, si celle du foyer maternel leur était plus douce. Il faut qu'ils soient libres de sentir comme ils sentent et de témoigner leur ennui quand ils s'ennuient. Pour leur créer ou leur conserver cette franchise de caractère, Fénelon ne craint pas de les éclairer même sur le mal dont le monde offre l'exemple. Il aimerait à n'avoir à leur montrer que des gens de bien, de vertu commode et agréable, à ne rien sentir auprès d'eux de faux, de bas, d'intéressé; mais à Dieu ne plaise qu'il songe à les enfermer dans un monde factice ! On ne peut empêcher l'enfant d'observer ce qui se présente à son regard et de reproduire ce qu'il voit; il a le coup d'œil prompt, l'imitation facile; et « comme il n'est pas possible non plus de ne laisser approcher de lui que des gens irréprochables, le devoir est de lui faire distinguer sur ces gens mêmes ce qui est bien de ce qui ne l'est pas », dût-on lui ouvrir les yeux sur les faiblesses de ceux envers lesquels il est d'ailleurs tenu de respect. Même quand il s'agit de la piété, Fénelon fait nettement ses réserves. « La piété, dira-t-il, ne donne point tels ou tels défauts : quand elle est ce qu'elle doit être, elle les ôte, ou du moins elle les adoucit. Mais, après tout, il ne faut pas s'opiniâtrer à faire goûter aux enfants certaines personnes pieuses dont l'extérieur est dégoûtant. » Cette fermeté dans le conseil n'est pas sans lui coûter. Aussi se hâte-t-il d'ajouter que, rien n'étant parfait sur la terre, on doit finalement admirer ce qui présente le moins d'imperfection, et ne se résoudre à certaines *critiques* que pour *l'extrémité* ; mais, en somme, il tient pour ce qu'il appelle les « vrais principes » : l'éducation est à ce prix.

C'est de ce sentiment de sincérité aimable et clairvoyante que procèdent tous les moyens sur lesquels Fénelon établit son action pour fonder le caractère. Il ne refuse point au maître l'autorité dont il a besoin : comment pourrait-il oublier que le Sage recommande aux parents de tenir toujours la verge levée? Mais il ne voudrait la laisser retomber que sur les enfants dont le naturel dur et indocile se dérobe à toute autre correction. Il n'aime pas l'autorité sèche, les airs austères et impérieux ; il n'y voit qu'affectation, pédanterie, rigueur inutile : la crainte abat le courage, hébète l'intelligence, et, détournant l'enfant des maîtres qui l'inspirent, le détourne de l'effort à faire sur lui-même : c'est un remède violent, une sorte de poison, — Rollin lui empruntera textuellement la comparaison, — dont il ne faut user que dans les cas désespérés. Ses points d'appui sont le cœur et la raison.

De toutes les peines de l'éducation, aucune ne lui paraît comparable à celle d'élever des enfants qui manquent de sensibilité. Les naturels vifs sont capables de terribles égarements ; les passions et la présomption les entraînent, mais aussi ils ont de grandes ressources et reviennent souvent de loin. Les naturels indolents échappent à toutes les sollicitations ; ils ne sont jamais où ils doivent être, ils écoutent tout et ne sentent rien. Fénelon déploie, pour *les ramener et les exciter*, des merveilles de subtilité psychologique. Je ne sais que Plutarque qui ait possédé aussi à fond l'art de diviser les difficultés, de se contenter de peu pourvu que l'effort se continue, de donner le sentiment tout à la fois du progrès acquis et de celui qui reste à acquérir, de proportionner l'éloge et le blâme, d'en aviver ou d'en émousser la pointe suivant le moment, de les faire tourner l'un et l'autre, sans enivrement comme sans découragement, en une leçon intérieure et personnelle, de préparer, en un mot, « les résolutions ou les soumissions volontaires », les seules qui soient durables et fécondes. Fénelon ne manie pas la raison avec moins de sûreté ni moins de bonheur. Il faut tout de suite, selon lui, user de la raison autant qu'on peut. Elle croît avec l'âge et ne trahit jamais ceux qui s'y confient. Au fur et à mesure qu'on avance, on peut y associer davantage la vie de l'enfant, c'est-à-dire, s'entendre avec lui sur les besoins qu'il se reconnaît, éprouver son discernement, suivre son inclination, non pour l'accepter toujours, mais pour l'aider à se porter aux choses qu'il doit faire et arriver à le convaincre de ce qu'il faut qu'il aime. Fénelon se plaît enfin à unir et à concerter, pour ainsi dire, l'action de la sensibilité et celle du raisonnement ; il les fait intervenir ensemble ou tour à tour, selon les dispositions ou les besoins, et en prenant pour règle que les hommes, à plus forte raison les enfants, ne se ressemblent pas toujours à eux-mêmes, que ce qui est bon aujourd'hui peut être mauvais demain, et que, si une conduite réfléchie et persévérante est nécessaire, une conduite uniforme peut faire plus de mal que de bien.

Si judicieuses que soient ces méthodes d'éducation proprement dite, celles qui touchent à l'instruction nous paraissent supérieures par la profondeur, la grâce et l'originalité.

Cette originalité même entraîne parfois Fénelon et l'expose; sur certains points, il dépasse la mesure. Vivement touché, par exemple, des défauts de la scolastique de son temps, il se plaignait qu'on demandât aux enfants « une exactitude et un sérieux dont ceux qui l'exigent seraient incapables, qu'on leur parlât toujours de mots et de choses qu'ils n'entendent point : nulle liberté, nul enjouement, toujours leçons, silence, postures gênées, corrections et menaces ». Visait-il par là le formalisme des règlements de l'Université? Songeait-il à la tristesse janséniste des Petites Écoles? C'est, on le sait, le caractère de sa controverse, en général, de discuter les doctrines, sans jamais s'attaquer à ceux qui les représentent; mais la critique est d'autant plus pénétrante qu'elle est impersonnelle. « Le grand vice des éducations ordinaires, dit-il en résumant avec force sa pensée, c'est qu'on met tout le plaisir d'un côté, tout l'ennui de l'autre, tout l'ennui dans l'étude, tout le plaisir dans le divertissement. Que peut faire un enfant, sinon supporter impatiemment cette règle et courir ardemment après les jeux? » Et lui-même, dans une sorte d'impatience de la règle, il semble se préoccuper par-dessus toute chose de rendre l'étude agréable : « il faut que le plaisir fasse tout ». A ce compte, le travail ne serait plus qu'une sorte de divertissement plus sérieux que les autres et où l'effort n'aurait rien à voir. Mais, par un effet de l'admirable souplesse avec laquelle, après un élan d'exagération, il revient et ne craint pas de se retourner contre lui-même, Fénelon conclut que tout ce qu'il prétend, c'est égayer l'étude, ou, comme il le dit ailleurs, en cacher la sévérité inévitable sous l'apparence de la liberté et de l'enjouement. En dernière analyse, il suffit à son bon sens supérieur que pour le jeune enfant la leçon soit interrompue par de petites saillies de divertissements; que le travail ne lui soit jamais présenté comme une menace, qu'il en saisisse toujours plus ou moins le but, et sous la peine du moment sente poindre la satisfaction à venir : ce qui n'est autre chose que ce que nous demandons aujourd'hui.

De même sur l'émulation et son principe. Les maîtres de Port-Royal, comme plus tard J. J. Rousseau, ne voyaient dans l'émulation que l'exaltation d'un mauvais sentiment. Fénelon, plus clairvoyant et plus humain, se rend compte de ce que ce sentiment peut avoir de bon et d'utile pour « piquer l'esprit et lui donner du goût »; mais il a conscience aussi que la source n'en est pas toujours pure; il dépeint la jalousie dans toute la laideur du supplice qu'elle s'inflige à elle-même, et dont elle est de la part *d'autrui l'instrument redoutable* : « *On voit, dit-il, des enfants qui sèchent et qui dépérissent d'une langueur secrète, parce que d'autres sont plus aimés et plus caressés qu'eux ; c'est une cruauté trop ordinaire aux mères que de leur faire souffrir ce tourment.* » *Et en même temps, comme s'il oubliait ce que ce tourment a tout à la fois de dur et de honteux, il recommande de l'employer contre l'indolence à titre de remède. Ce n'est même pas pour lui, semblerait-il, un traitement d'exception ; il en conseille l'usage dans les cas ordinaires et pour donner à l'enfant, de temps à autre, la satisfaction de petites victoires sur ceux dont la rivalité lui est pénible. Singulière contradiction avec ce que sa morale pédagogique a généralement de si élevé et de si sain ! Heureusement, ici encore, il se sauve par le démenti que presque aussitôt il se donne. Peut-être même cette contradiction n'est-elle, dans le développement de sa pensée, qu'une sorte d'incident. Sa pensée est qu'il est bon d'élever les enfants par les enfants, c'est-à-dire de placer sous leurs yeux des exemples qui les éclairent, les excitent et ne les découragent point : méthode excellente dont une observation excessive, jetée au courant de la plume, ne saurait infirmer la sagesse et la portée.*

Nos réserves faites sur ces sortes de surprises, c'est merveille de voir quel sens profond et exact Fénelon a de cette première éducation dont dépend si souvent tout le reste. Il a observé l'enfant dans ses divertissements, cherchant de préférence le jeu où le corps est en mou-

vement, et satisfait, pourvu qu'il change de place, d'un volant ou d'une boule ; il l'a vu au travail, l'esprit vacillant comme la lumière d'une bougie allumée dans un lieu exposé au vent, faisant une question, et, avant que la réponse soit intervenue, levant les yeux vers le plancher, comptant toutes les figures qui y sont peintes et tous les morceaux de vitres qui sont aux fenêtres, mal à l'aise et gêné lorsqu'on le ramène à son premier objet, comme si on le tenait en prison ; mais il l'a suivi aussi dans les mouvements du penchant naturel qui le porte comme au-devant de l'instruction. L'enfant a, dès l'âge le plus tendre, la curiosité, l'imagination et, dans une certaine mesure, le raisonnement ; le secret de l'éducation est d'utiliser ces forces et d'en régler le jeu, non selon les exigences d'un système préconçu, mais en saisissant l'occasion et le moment. Le danger des leçons en forme, c'est que tantôt elles laissent sommeiller son activité alors qu'elle cherche un aliment, et tantôt la surexcitent quand elle aurait besoin de repos, ou que l'effort qu'on lui demande dépasse la mesure de ce qu'il peut fournir. Il faut la tenir en haleine, mais ne lui offrir que des ouvertures. Fénelon y excelle. Il est impossible de mieux exercer, en les ménageant, ces tendres organes qui ont besoin de s'affermir. Pour les premières leçons de lecture, il racontera à son élève des choses divertissantes qu'il tirera d'un livre sous ses yeux : « l'enfant en concevra bientôt le désir d'aller à la source de ce qui lui a été agréable ». Son écriture est-elle suffisamment en progrès, il lui en fera immédiatement recueillir le bénéfice, en l'aidant à écrire un billet à un frère ou à un cousin. Ainsi s'empare-t-il de chacun de ses efforts, le soutenant, le dirigeant, pour son plaisir en même temps que pour son profit. Comme récompense, — de préférence aux friandises et aux ajustements, — il choisira quelque excursion instructive où « sa vue se promène », quelque présent utile : une estampe, une médaille, une carte de géographie, un livre soigneusement relié, doré sur la tranche, avec de belles images et des caractères bien formés. Ces moyens d'invitation ou d'encouragement ne sont plus nouveaux pour nous. Mais que l'on songe au temps où les enfants apprenaient l'alphabet dans un psautier latin et ne mettaient pas moins de trois ou quatre années d'exercice pénible à débrouiller une page; où un maître de l'Oratoire pouvait dire : « Quand je me souviens de la manière qu'on m'a enseigné, il me semble qu'on me mettait la tête dans un sac et qu'on me faisait marcher à coups de fouet, me châtiant cruellement toutes les fois que, n'y voyant pas, je marchais de travers ! »

Voici, d'ailleurs, des procédés tout modernes, au moins par l'application, et que Fénelon a revêtus le premier de la forme la plus vivante. Nos leçons de choses ont-elles rien de supérieur, en effet, soit aux explications qu'il fait donner à son élève, à la campagne, devant un moulin ou dans une grange ; à la ville, dans une boutique ou à la porte d'un atelier ; soit aux histoires empruntées de l'Ancien Testament, qu'il lui montre en action sur des tableaux préparés à cet usage ou qu'il lui fait jouer en traçant lui-même les rôles; soit aux conversations familières dont le sujet est tiré de la vie réelle et qu'il se plaît à animer « des tours les plus agréables et des comparaisons les plus sensibles » ? Et, ce qui ne mérite pas moins d'être relevé dans ces instructions ingénieuses, c'est qu'en même temps qu'il les met à profit pour semer des connaissances utiles, Fénelon en fait surtout un instrument d'éducation. En excitant chez l'enfant le goût de l'observation, en le laissant chaque fois dans une espèce « de faim d'en apprendre davantage », il n'a garde de l'accabler sous la charge des notions positives et des faits qui ne pourraient qu'étonner et appesantir son cerveau. Certes il ne déprécie pas le travail de la mémoire; mais « dans un réservoir si petit et si précieux on ne doit verser que des choses exquises ». Ce qu'il vise, à travers toutes les grâces de ses leçons, c'est le fond de l'esprit, le jugement dont il s'efforce d'assurer la justesse et la solidité, « le bon raisonnement étant la seule qualité sur laquelle on puisse compter et se développant de lui-même avec l'âge, pour peu qu'il soit bien cultivé ». En cela non plus, toutefois, il ne veut pas d'exactitude indiscrète ni de rigueur prématurée. « Le premier âge des enfants n'est pas propre à raisonner de tout », et ce qui dépasse leurs facultés les affaiblit, bien loin de les fortifier. Qu'ils sachent seulement ce que c'est que tirer droit une conséquence; qu'ils se rendent compte de leur *étude; qu'ils s'habituent à voir : le reste en découlera. Fénelon n'a aucun goût pour ces jolis sujets qu'on accoutume à hasarder ce qui leur vient dans la tête et à parler de ce qu'ils ne savent pas, pour ces prodiges de cinq ans qui semblent tout promettre et dont, à la première épreuve sérieuse, la vivacité factice tombe et s'éteint; il aime mieux les intelligences reculées qu'il faut attendre, mais qui arrivent, les esprits durs auxquels il faut du temps pour s'épanouir, mais qui ont leur jour de franche maturité. Il fait, en un mot, pour l'éducation de l'intelligence ce qu'il a fait pour l'éducation du caractère; il met l'enfant « au large », suivant son heureuse expression; il lui donne du champ pour se développer, s'assouplir, se fortifier, et, par ce travail prolongé, sans contrainte ni fatigue, il le munit et le dispose pour l'effort auquel le progrès de l'âge doit l'élever.*

V

Parvenu à ce second degré d'éducation, Fénelon cesse de poursuivre l'étude des méthodes communes aux deux sexes. C'est aux jeunes filles exclusivement qu'est consacré le reste du traité. Plus serrées peut-être, plus suivies du moins, ses directions témoignent d'une observation particulièrement fine et pénétrante.

Le danger des éducations ordinaires, de celles que Fénelon veut corriger, c'est de ne laisser dans l'esprit des jeunes filles que le vide. Ce vide se remplit comme il peut. « N'ayant pas de curiosité raisonnable, les jeunes filles en ont une déréglée. » Faute de pouvoir s'attacher aux choses solides, elles se jettent dans les frivolités vaines ou dangereuses. Parmi celles qui ont de l'esprit, les unes s'érigent en précieuses, lisent, parlent, décident, s'exaltent pour des romans ou des comédies, se remplissent l'imagination du merveilleux et du tendre, deviennent visionnaires, cherchent à travers le monde des personnages qui ressemblent à leurs héros, et affectent partout de s'ennuyer par délicatesse, la plupart des gens leur étant fades et ennuyeux. Les autres s'entêtent en matière de religion et se passionnent dans des disputes qui les surpassent : « toutes les sectes naissantes doivent leurs progrès aux femmes qui les ont insinuées et soutenues ». D'autres enfin, qui n'ont pas ces ouvertures, et c'est le plus grand nombre, s'amusent à tout ce qu'elles rencontrent : ne trouvant pas en elles-mêmes de quoi s'occuper, « il faut qu'elles sachent ce qui se dit, ce qui se fait : une chanson, une nouvelle, une intrigue ; qu'elles reçoivent des lettres et lisent celles que reçoivent les autres, qu'on leur raconte les choses pour qu'elles les aillent raconter à leur tour ». Toutes, quelle que soit leur pente diverse, glissent et s'enfoncent dans les défauts propres à leur sexe : les emportements d'affection ou d'aversion, l'esprit d'artifice, la piété mondaine, la vanité de la beauté et des ajustements.

A ces défaillances d'un esprit mal nourri Fénelon oppose les fermes et substantiels conseils de l'expérience la plus déliée. Les esquisses qu'il trace çà et là de la précieuse et des dégoûts qui la surmontent sont, avec plus de retenue et de finesse dans l'expression, aussi franches que les peintures de Molière. Il a, sur la mode, un article qui ne le cède en rien pour le piquant et la justesse au chapitre de La Bruyère; je ne sais même si ses critiques malignes sur les entassements de coiffe, les bouts de rubans, les boucles de cheveux plus haut ou plus bas, qui sont autant d'affaires, ou sur les beautés encore charmées d'elles-mêmes, alors que le monde s'est depuis longtemps détaché d'elles, ne pénètrent pas plus avant dans l'analyse de ce travers mondain, parfois aussi dangereux que ridicule. Ni Bossuet ni Bourdaloue n'ont touché avec une ironie plus mordante cette fausse piété « où l'on traite avec Dieu comme on fait avec les personnes qu'on respecte, qu'on voit rarement, par pure formalité, sans les aimer et sans être aimé d'elles, — où tout se passe en cérémonies, en compliments où l'on se gêne, d'où l'on a impatience de sortir. » Et assurément il n'est pas de moraliste, — moraliste du siècle ou de la chaire, — qui ait démêlé plus au clair les ruses et les comédies de la finesse. Soit qu'il en dépeigne le manège, en le suivant de degré en degré depuis la supercherie relativement inoffensive jusqu'aux *subtilités perfides* « *par lesquelles on veut faire en sorte que le prochain se trompe sans qu'on puisse se reprocher de l'avoir trompé* », soit qu'il en montre le vice d'origine dans la bassesse du cœur et de l'esprit, soit qu'il découvre le fond d'inquiétude honteuse où jette la nécessité de couvrir un artifice par cent autres et le mépris qu'excite à la longue cette détestable politique, soit enfin qu'il mette en regard la droiture de conduite, la probité judicieuse, toujours tranquille, d'accord avec soi-même, n'ayant rien à inventer ni à craindre : le trait, rapide, ailé, porte et pénètre.

Mais Fénelon n'attend de ces observations aucun effet décisif, si le mal n'est pris à sa source ; et la source, pour lui, c'est l'ignorance. Il sait quels sont les dangers d'une instruction mal conduite, « *et qu'on ne manque pas de se servir de l'expérience qu'on a de beaucoup de femmes que la science a rendues ridicules* ». Pour mesure du savoir qu'il voudrait leur assurer, il prend la mesure des devoirs qu'elles ont à remplir. Aider l'essor de leurs facultés propres, sans encourager, en les combattant même, leurs faiblesses natives, tel est l'objet qu'il se propose. De là ce que son programme d'enseignement a tout ensemble de large et de restreint ; de là ce mélange presque à part égale de hardiesses et de scrupules. En faisant de la religion la base première de toute éducation, il lui donne un caractère presque philosophique, « *rien n'étant plus propre à déraciner ou à prévenir la superstition qu'une instruction solide et raisonnée* », et les arguments sur lesquels il établit ses leçons sont *ceux-là mêmes qu'il déduit dans l'Existence de Dieu. Il ne se borne pas aux éléments de la grammaire et du calcul; il pousse jusqu'aux notions de droit, — droit public et droit privé, — en sorte que la femme, éloignée de son mari ou devenue veuve, puisse suivre ses intérêts. Pour celles qui ont du loisir et de la portée, non seulement il autorise les histoires grecque et romaine qui étaient en usage, mais il recommande l'histoire de France, qui n'avait pas place encore dans les études des jeunes gens : « tout cela contribue à agrandir l'esprit et à élever l'âme ». Il n'interdit enfin ni l'éloquence, ni la poésie, ni la musique, ni la peinture, ni même le latin. Nous voilà loin du temps où « une fille était tenue pour bien élevée, qui savait lire, écrire, danser, sonner des instruments, faire des ouvrages, et qui ne mettait pas moins de dix ou douze ans à l'apprendre » ! Que pourrions-nous demander de plus aujourd'hui, à ne regarder que le cadre ?*

Mais, dans ce cadre général, Fénelon se reprocherait de trop embrasser, et sur chaque point il se resserre. Il craindrait que les jeunes filles ne fussent plus éblouies qu'éclairées par ces connaissances, s'il ne les avertissait « qu'il y a pour leur sexe une pudeur sur la science presque aussi délicate que celle qu'inspire l'horreur du vice ». Il ne lui paraît pas nécessaire qu'elles apprennent la grammaire par règles; il suffit qu'elles s'accoutument à ne point prendre un temps pour un autre, à se servir des termes propres, à expliquer leurs pensées avec ordre et d'une manière courte et précise. C'est exclusivement pour les dresser à faire des comptes qu'il les exerce sur les quatre règles du calcul. S'il conseille la lecture des histoires, c'est qu'il la considère comme le meilleur moyen de dégoûter un bon esprit des comédies et des romans. Il ne tolère la culture des arts qu'en raison de l'application qu'on en peut faire : pour la musique, à des sujets pieux ; pour le dessin, aux ouvrages de tapisserie. Il n'admet le latin qu'en faveur des filles d'un jugement ferme, d'une conduite modeste, qui ne se laissent pas prendre à la vaine gloire. Tout ce qui est de nature à causer les grands ébranlements d'imagination, l'étude de l'italien et de l'espagnol, par exemple, où la description des passions forme le thème presque unique, est à ses yeux plus dangereux qu'utile, et il demande qu'on y mette au moins une exacte sobriété. Il se défie surtout du savoir qui enfle et de l'instruction qui tourne au discours. « Les dames qui ont quelque science ou quelque lecture, disait-on au temps de Mlle de Scudéry, donnent beaucoup de plaisir dans la conversation et n'en reçoivent pas moins dans la solitude, lorsqu'elles s'entretiennent toutes seules. Leur idée a de quoi se contenter, pendant que les ignorantes sont sujettes aux mauvaises pensées, parce que, ne sachant rien de louable pour occuper leur esprit, comme leur entretien est ennuyeux, leur rêverie ne peut être qu'extravagante. » Les discours de ces savantes ne valent pas mieux aux yeux de Fénelon que les extravagances des autres. Il n'espère rien de bon d'une éducation qui porte au dehors, pour ainsi dire. « Qu'une femme ait tant qu'elle voudra, dit-il avec une sorte de rudesse, de la mémoire, de la vivacité, des tours plaisants, de la facilité à parler avec grâce ; toutes ces qualités lui sont communes avec un grand nombre d'autres femmes fort peu sensées et fort méprisables ; mais qu'elle ait un esprit égal et réglé, qu'elle sache réfléchir, se taire et conduire quelque chose, cette qualité si rare la distinguera dans son sexe. »

C'est à l'action, en un mot, que Fénelon ramène toute l'éducation des jeunes filles ; c'est à l'action qu'il les sollicite et les attache. J. J. Rousseau les élève exclusivement pour plaire ; Fénelon les prépare à partager avec l'homme les devoirs de la vie. Il ne pouvait point ne pas faire la part des vocations religieuses ; mais il ne les veut que spontanées, sincères et fortes. Élevée dans la famille, la jeune fille appartient à la famille. Le mariage est la fin de son éducation, — le mariage avec les occupations bienfaisantes qui en sont l'honneur et le charme. Fénelon, qui ne se paye pas de vaines formules et qui ne méconnaît aucune des conditions de l'humanité, ne considère nullement que la beauté soit inutile « pour trouver un époux sage, réglé, d'un esprit solide et propre à réussir dans les emplois » ; mais cette beauté éphémère doit être doublée de vertus durables, enracinées dès l'enfance et fortifiées par l'habitude. Il demande donc que dès l'enfance on mette la jeune fille dans la pratique, c'est-à-dire qu'on la fasse participer au gouvernement du ménage, qu'on l'accoutume à voir comment il faut que chaque chose soit faite pour être de bon usage, à tenir le milieu entre le bel ordre qui est un des éléments essentiels de la propreté et l'esprit d'exactitude méticuleuse, les soins de bon goût et l'amour des colifichets. Il tient pour le plus ridicule des travers le dédain de ces femmes qui considèrent comme au-dessous d'elles tout ce qui les rattache aux travaux dont dépendent l'aisance et le bonheur de la famille, et qui sont disposées « à ne pas faire grande différence entre la vie de province, la vie champêtre et celle des sauvages du Canada ». Il les engage dans l'exercice de toutes les petites vertus, fondement des autres : il forcerait presque son sentiment, de peur de ne le point faire assez entendre. « J'aime mieux, dit-il, voir une jeune fille régler les comptes de son maître d'hôtel qu'entrer dans les disputes des théologiens. » On conçoit qu'à la veille de l'explosion du quiétisme, il prît soin de garder les femmes de la théologie ; bien lui eût pris de les en garder toujours ! Nous avons vu toutefois qu'il ne se refuse pas à appeler leur pensée sur des soins d'un ordre élevé. Ce qu'il veut, c'est que la vie active en reste le centre principal et le foyer. Mme de Lambert, l'un de ses plus fidèles disciples, nous paraît résumer exactement sa doctrine, lorsqu'elle écrit dans ses Avis à sa fille : « Faites que toutes vos études coulent dans vos mœurs et que votre savoir se tourne en vertu. »

On considère volontiers l'image que Fénelon a tracée dans le TÉLÉMAQUE sous le nom d'Antiope comme l'expression vivante de l'idéal dont il avait dispersé les traits dans son traité d'éducation. « Antiope est douce, simple et sage; ses mains ne méprisent point le travail; elle prévoit de loin, elle pourvoit à tout; elle sait se taire et agir de suite sans empressement; elle est à toute heure occupée; elle ne s'embarrasse jamais, parce qu'elle sait faire chaque chose à propos : le bon ordre de la maison de son père est sa gloire; elle en est plus ornée que de sa beauté. Quoiqu'elle ait soin de tout et qu'elle soit chargée de corriger, de refuser, d'épargner, choses qui font haïr presque toutes les femmes, elle s'est rendue aimable à toute la maison : c'est qu'on ne trouve en elle ni passion, ni entêtement, ni légèreté, ni humeur, comme dans les autres femmes. D'un seul regard elle se fait entendre, et on craint de lui déplaire; elle donne des ordres précis; elle n'ordonne que ce qu'on peut exécuter; elle reprend avec bonté, et, en reprenant, elle encourage. Le cœur de son père se repose sur elle comme un voyageur abattu par les ardeurs du soleil se repose à l'ombre sur l'herbe tendre... Son esprit, non plus que son corps, ne se pare jamais de vains ornements; son imagination, quoique vive, est retenue par sa discrétion; elle ne parle que pour la nécessité; et, si elle ouvre la bouche, la douce persuasion et les grâces naïves coulent de ses lèvres. Dès qu'elle parle, tout le monde se tait, et elle en rougit; peu s'en faut qu'elle ne supprime ce qu'elle a voulu dire, quand elle aperçoit qu'on l'écoute si attentivement. A peine l'avons-nous entendue parler. » L'image certes est poétique, et sur plus d'un point elle traduit la pensée de Fénelon avec une fidélité aimable. Mais est-ce bien la personnification de la vie? Cette activité si discrète, si pudique, si parfaite, qui semble finalement se perdre dans une sorte de béatitude silencieuse, ne rappelle-t-elle pas plutôt celle des ombres glissant avec mystère dans les bocages des Champs Élysées sous les rayons de « la lumière douce et pure qui les environne comme d'une gloire, les pénètre et les nourrit »? Et quand, un peu plus loin, Fénelon nous montre Antiope apparaissant dans la tente d'Idoménée, la taille haute, les yeux baissés, couverte d'un grand voile, ne dirait-on pas un beau marbre antique sculpté de la main de Phidias? Ce ne sont point là les conditions véritables de l'activité humaine. J'aime mieux, quant à moi, me représenter la jeune femme élevée par Fénelon telle qu'il la peint lui-même, en traits fermes et précis, dans le cadre de gentilhommière provinciale où il la place: levée de bonne heure pour ne pas se laisser gagner par le goût de l'oisiveté et l'habitude de la mollesse, réglant l'emploi de sa journée et répartissant le travail entre ses domestiques sans affectation de familiarité ni de hauteur, sans se préoccuper surtout « d'être trop bien servie, car si les valets se gâtent en servant mal, ce qu'on appelle d'ordinaire être bien servi gâte encore plus les maîtres »; consacrant à ses enfants tout le temps nécessaire pour les bien connaître et leur persuader les bonnes maximes; ayant toujours un ouvrage en *train, non de ceux qui servent simplement de contenance, mais de ceux qui occupent de façon à ne pas se laisser saisir par le plaisir de jouer, de discourir sur les modes, de s'exercer à de petites gentillesses de conversation ; simple dans son vêtement comme dans sa conduite, et ne donnant aux servitudes de la mode que ce qu'on ne peut lui refuser ; réglant ses fermes, se rendant compte de ses baux, suivant la culture de ses terres dont le bon état permet de tirer tout ce qu'il faut pour nourrir aisément un peuple nombreux, s'intéressant par là même aux grandes questions de guerre et de paix, bonheur ou fléau du royaume ; capable de suivre un entretien brillant ou grave, mais ne dédaignant aucune compagnie, les gens les moins éclairés pouvant fournir, pour peu qu'on sache les faire parler de ce qu'ils savent, un enseignement profitable ; fondant de petites écoles et présidant des assemblées de charité pour le soulagement des pauvres malades ; menant, au milieu de ces occupations solides et utiles, une existence régulière et pleine, sans enfièvrement ni ennui, plus concentrée qu'étendue, mais non sans élévation morale, et animant tout autour d'elle du même sentiment de vie* [1].

---

1. Voir le *Règlement donné par la duchesse de Liancourt à la princesse de Marsillac, sa petite-fille*, et le *Règlement que Mme de Liancourt avait dressé pour elle-même* (1694). On y retrouvera en forme de statuts la plupart des conseils de Fénelon.

VI

Fénelon a eu la rare fortune d'appliquer directement ses préceptes au duc de Bourgogne et de les voir appliquer presque sous ses yeux par Mme *de Maintenon aux élèves de Saint-Cyr ; et, chose singulière, on a presque toujours séparé l'examen des principes qu'il avait posés de l'expérience qu'il en put faire. Nous voudrions en montrer les rapports et tirer de ce rapprochement quelques conclusions sur le caractère de son action pédagogique.*

C'est le 16 août 1689, c'est-à-dire dix-huit mois à peine après la publication de son traité, qu'il était appelé à diriger l'éducation du fils du dauphin, le duc de Bourgogne [1].

La nouvelle en fut accueillie de toutes parts avec une sympathie marquée. « Saint Louis n'aurait pas mieux choisi, écrivait Mme de Sévigné à Mme de Grignan (21 août 1689); cet abbé de Fénelon

---

1. « Le roi a nommé (le 16 août) le duc de Beauvilliers, premier gentilhomme de la chambre, pour gouverneur de Monseigneur le duc de Bourgogne (âgé de sept ans), et l'abbé de La Mothe-Fénelon pour son précepteur. » (*Gazette du 20 août.*) — Voir le *Mercure* d'août 1689, p. 240-249.

est un sujet du plus rare mérite pour l'esprit, pour le savoir et pour la piété. » Et elle y revient comme à un point qui intéresse les salons et les ruelles : « *Vous me parlez de M. de Beauvilliers, de l'abbé de Fénelon et de la perfection de tous ces choix; comme je vous en ai déjà parlé, ils sont divins.* » (4 septembre 1789.)

Le choix était-il aussi inattendu qu'il paraissait justifié? Les ennemis de Fénelon l'accusaient de s'être habilement poussé à cet emploi que Louis XIV devait un jour se reprocher publiquement de lui avoir confié, et ses amis ne le défendaient que mollement. « *Mon enfant*, lui écrivait l'abbé Tronson, — l'un de ceux qui le connaissaient le mieux, — *à l'occasion des félicitations que lui exprimaient quelques intimes de n'avoir pas brigué la faveur dont il était l'objet; mon enfant, il ne faut pas trop vous appuyer là-dessus; on a souvent plus de part à son élévation qu'on ne pense... On ne sollicite pas fortement les personnes qui peuvent nous servir; mais on n'est pas fâché de se montrer à elles par les meilleurs endroits; et c'est justement à ces petites découvertes humaines qu'on peut attribuer le commencement de son élévation : ainsi, personne ne saurait s'assurer entièrement qu'il ne s'est pas appelé lui-même.* »

Ce qui est certain, c'est qu'aucun élève ne pouvait mieux répondre aux vœux de son précepteur. Le duc de Bourgogne était doué, au suprême degré, de cette sensibilité vive que Fénelon considérait comme le ressort de l'éducation; et en même temps ce n'était pas, à beaucoupprès, un de ces naturels accomplis pour lesquels l'éducation n'a rien à faire. On connaît le portrait qu'en a tracé Saint-Simon : « Dur et colère jusqu'aux derniers emportements et jusque contre les choses inanimées ; impétueux avec fureur, incapable de souffrir la moindre résistance même des heures et des éléments sans entrer en des fougues à faire craindre que tout ne se rompît dans son corps ; opiniâtre à l'excès ; passionné pour tous les plaisirs et pour le jeu, où il ne pouvait supporter d'être vaincu ; souvent farouche, naturellement porté à la cruauté, barbare en raillerie, saisissant les ridicules avec une justesse qui assommait ; de la hauteur des cieux ne regardant les hommes que comme des atomes avec qui il n'avait aucune ressemblance, quels qu'ils fussent, si bien qu'à peine les princes ses frères lui paraissaient intermédiaires entre lui et le genre humain, quoiqu'on eût toujours affecté de les élever tous trois dans une égalité parfaite. »

C'est par l'intelligence que Fénelon paraît avoir attaqué ce redoutable sujet ; et il y employa tous les moyens dont l'expérience et la réflexion l'avaient armé. « Ce qui attache le plus souvent les maîtres à la régularité absolue, si ruineuse pour l'esprit des enfants, disait-il, c'est qu'elle leur est plus commode qu'une sujétion continuelle à profiter de tous les moments. » Il s'imposa cette sujétion. Toutes les fois que le petit prince, P. P., — c'est le signe d'abréviation affectueuse que toute sa vie il lui appliqua dans ses lettres intimes, — semblait disposé à entrer *dans une conversation utile, il lui faisait abandonner l'étude. Il lui épargnait toute contrainte. « Vous le porterez doucement à continuer ce qu'il a entrepris, écrivait-il à l'abbé de Fleury qui, nous le savons, le secondait en qualité de sous-précepteur. Il faut accourcir le temps du travail et en diversifier l'objet; vous le divertirez à dresser des tables chronologiques, comme nous nous sommes divertis à établir des cartes particulières. » Pour mieux graduer l'effort de l'enfant, il composait lui-même les textes de thèmes et de versions; et jour à jour, il avait rédigé, — pendant la leçon, de manière à l'y faire participer, — un dictionnaire de la langue latine, où le sens et la valeur des mots étaient fixés par des exemples. Il s'interdisait et il interdisait formellement à tout le monde les exercices qui pouvaient paraître présenter un caractère d'abstraction, « de peur de rebuter, par des opérations purement intellectuelles, un esprit paresseux, impatient et où l'imagination prévalait encore beaucoup ». Pour la grammaire, l'usage, point de règles; pour la rhétorique, de bons modèles, point de préceptes. En histoire, des extraits bien faits, des dialogues mettant en scène, avec les personnages, les idées et les situations, des fictions, comme le* TÉLÉMAQUE, *destinées à éclairer le futur dauphin sur ses obligations de roi et à l'instruire en le récréant.*

*Cette conduite, sous laquelle il est aisé de retrouver les recommandations essentielles de l'*ÉDUCATION DES FILLES, *eut des effets singulièrement prompts. Fénelon, qui se montre sur d'autres points si sévère, n'éprouve* aucun scrupule à s'en féliciter. « Je n'ai jamais vu, disait-il, un enfant entendre de si bonne heure et avec tant de délicatesse les choses les plus fines de la poésie et de l'éloquence. » A dix ans, le prince avait lu les principaux discours de Cicéron, Tite-Live, Horace, Virgile, les MÉTAMORPHOSES d'Ovide, les COMMENTAIRES de César et commencé la traduction de Tacite. Au témoignage de l'abbé de Fleury, c'était un esprit de premier ordre : il connaissait la France comme le parc de Versailles, et il n'eût été étranger en aucun pays ; toute la suite des siècles était nettement rangée dans sa mémoire, et il étudiait l'histoire des pays voisins dans les auteurs originaux ; quant à l'histoire de l'Église, il la possédait au point d'étonner Bossuet et les plus savants prélats. « Dans les commencements mêmes, où son extrême vivacité l'empêchait de s'assujettir aux règles, il emportait tout par la promptitude de sa pénétration et la force de son génie » ; et le premier effet de cette application passionnée était de le sauver de lui-même. Dans les entretiens notamment, son humeur s'adoucissait ; il devenait gai, aimable, affectueux ; c'est encore Fénelon qui le rappelle, et il ajoute : « Je l'ai vu souvent nous dire, quand il était en liberté de conversation : « Je laisse derrière la porte le duc de Bourgogne, « et je ne suis plus avec vous que le petit Louis. »

Mais le petit Louis était moins facile à élever qu'à instruire. Bien que, d'après Fénelon, la transformation de son caractère fût devenue sensible trois mois après qu'il s'était mis à l'œuvre, il n'est pas douteux *que l'effort n'ait été laborieux et rude. Le cardinal de Beausset a remarqué qu'on peut presque en suivre le progrès d'après les dates de composition des* Fables: *elles furent, en effet, le plus puissant des moyens d'action de Fénelon. C'est sous la forme de ces fictions qu'il insinuait la leçon suivant le besoin de la journée. Et quelle leçon que ces apologues où, lui plaçant sous les yeux sa propre image que défigurait la colère, il l'obligeait, par l'attrait même de la fable, à s'y contempler et à s'y reconnaître, sauf, l'impression salutaire une fois produite, à lui ouvrir habilement les voies du retour.* « Qu'est-il donc arrivé de funeste à Mélanthe? Rien au dehors, tout au dedans; il se coucha hier les délices du genre humain : ce matin, on est honteux pour lui, il faut le cacher. En se levant, le pli d'un chausson lui a déplu; toute la journée sera orageuse, et toute le monde en souffrira : il fait peur, il fait pitié; il pleure comme un enfant, il rugit comme un lion... Que faire? Être aussi ferme et aussi patient qu'il est insupportable et attendre en paix qu'il revienne demain aussi sage qu'il était hier. Cette humeur étrange s'en va comme elle vient : quand elle le prend, on dirait que c'est un ressort de machine qui se démonte tout à coup; sa raison est tout à l'envers, c'est la déraison elle-même en personne..... Dans sa fureur la plus bizarre et la plus insensée, il est plaisant, éloquent, subtil, plein de tours nouveaux, quoiqu'il ne lui reste seulement pas une ombre de raison. Prenez bien garde de ne lui rien dire qui ne soit juste, précis et raisonnable;

il saurait bien en prendre avantage et vous donner adroitement le change ; il passerait d'abord de son tort au vôtre et deviendrait raisonnable pour vous convaincre que vous ne l'êtes pas. » Est-ce à la suite d'un avertissement de ce genre, si ferme tout ensemble et si délicat, que l'enfant, touché de repentir, adressait à son maître, sous la forme d'un engagement, ce billet empreint d'un sentiment de dignité naïve : « Je promets, foi de prince, à M. l'abbé de Fénelon de faire sur-le-champ ce qu'il m'ordonnera et de lui obéir dans le moment où il me défendra quelque chose ; et, si j'y manque, je me soumets à toutes sortes de punitions et de déshonneurs » ?

Cependant la réprimande n'était pas toujours aussi agréablement ménagée. Fénelon faisait parfois intervenir des tiers. On sait quels égards il avait pour les domestiques. Saint-Simon lui reprochait d'en prendre autant de soin que des maîtres. Quelque coquetterie qu'il mît en toutes choses, Fénelon portait en cela un autre sentiment que la pure passion de plaire. Dans son traité il se plaint que « la fausse idée qu'on donne aux jeunes filles de leur naissance leur fasse regarder les domestiques à peu près comme des chevaux ». — « On se croit, dit-il, d'une autre nature que les valets ; on suppose qu'ils sont faits pour la commodité de leurs maîtres. Tâchez de montrer combien ces maximes sont contraires à la modestie pour soi et à l'humanité pour le prochain. » Cent ans avant Beaumarchais, il écrivait que « les maîtres, qui sont *mieux élevés que leurs valets, étant pleins de défauts, il ne faut point s'attendre que les valets n'en aient point, eux qui ont manqué d'instruction et de bons exemples ».* Or le prince était intraitable avec ses gens ; il les battait « *dans le temps même que ceux-ci lui rendaient des offices ».* Un matin, après une explosion de colère, il rencontre dans la galerie de ses appartements un ouvrier menuisier que Fénelon y avait introduit. Il s'arrête, observe, prend les outils pour les manier : « *Passez votre chemin, Monseigneur, s'écrie l'ouvrier d'un air menaçant, car je ne réponds pas de moi quand je suis en fureur; je casse bras et jambes à ceux que je rencontre!* » Fénelon, on le voit, ne répugnait pas absolument aux artifices dont J. J. Rousseau multipliera plus tard l'emploi. Mais c'est à la conscience de son élève, à son cœur, à sa raison, à sa piété, à son honneur, que d'ordinaire il faisait directement appel. Quand tout avait échoué, fermeté, habileté, douceur, il recourait à l'isolement absolu. La séquestration était sa dernière ressource et le châtiment suprême. Mais, quelque parti qu'il se résolût à prendre, il ne commençait aucun traitement qu'il n'achevât. Sa persévérance sans emportement comme sans défaillance, son obstination douce et froide était à l'épreuve de toutes les résistances. Dans une de ses lettres de direction il écrivait à l'un des fils du duc de Chevreuse, le vidame d'Amiens : « *Remplissez votre vocation, la mienne est de vous tourmenter.* » On peut dire qu'il ne cessait de « *tourmenter* » son élève, jusqu'à ce qu'il eût la *preuve ou le sentiment qu'il l'avait dominé, réduit, dompté.*

C'est ainsi que de cet enfant dont la première jeunesse avait fait trembler sortit un prince affable, humain, modéré, patient, modeste, humble et austère pour soi. Le but était atteint, dépassé même. A douze ans de distance, lorsque la correspondance de Fénelon nous le montre rentré en rapport avec le jeune Dauphin, il est ému, presque effrayé de cette métamorphose si complète, et c'est en sens inverse qu'il le tourmente. En 1708, le duc de Bourgogne faisait campagne en Flandre, et il y jouait un assez triste personnage. Il se dérobait alors qu'il eût fallu se montrer; il se montrait où il ne devait pas être; il était plein d'hésitations, de troubles, de scrupules; il s'inquiétait et consultait pour savoir si, dans les mouvements de la guerre, il pouvait habiter pendant quelques heures de la nuit l'enceinte d'un couvent de religieuses. Fénelon combat ces puériles et coupables irrésolutions avec une franchise de conseil qui ne fait pas moins d'honneur à sa droiture qu'à sa perspicacité. Il ne craint pas de « rassembler toutes les choses les plus fortes qu'on répand dans le monde contre le prince » et de lui en faire sentir la gravité. Il analyse une à une les faiblesses qu'on lui reproche. « On dit que vous êtes trop particulier, trop borné à un petit nombre de gens qui vous obsèdent...; on dit que vous écoutez trop de personnes sans expérience, d'un génie borné, d'un caractère faible et timide, qui manquent de courage;... on dit que, pendant que vous êtes dévot jusqu'à la minutie, vous ne laissez pas de boire quelquefois avec un excès qui se fait remarquer;... on dit que votre confesseur est trop souvent enfermé avec vous;... on dit que vous êtes amusé et inappliqué... » Et s'il paraît ne reproduire que l'écho du bruit public, c'est, — y a-t-il besoin de le dire? — pour adoucir le ton de la remontrance, comme il faisait autrefois en présentant ses leçons sous le voile de la fiction. Il ne se méprend pas d'ailleurs sur la part qu'il faut attribuer à la médisance. Il n'ignore pas non plus que son élève a conservé au fond du cœur les maximes généreuses dont sa jeunesse a été imbue, qu'il professe que les rois sont faits pour les peuples, et non les peuples pour les rois, que les guerres nécessaires sont seules légitimes, que si la haute noblesse a droit aux premiers rangs, c'est à la condition de les mériter par ses services et en se montrant sur les champs de bataille. Mais de quoi sert-il que, dans sa pensée, il soit resté fidèle à ces principes, s'il les trahit par sa conduite? Fénelon avertit, invoque tous ceux dont le concours peut lui être utile pour « soutenir, redresser, élargir le prince ». Il demande pour lui au ciel un esprit libre, soulagé, simple, décisif, un cœur vaste comme la mer. Le duc de Bourgogne cherche vainement à s'expliquer, et il est vrai qu'il s'explique bien mal, ses amis ont beau le défendre : Fénelon ne veut rien entendre : « Il est temps d'être homme ». Le contraste est absolu. Autant il avait mis jadis de persévérance et d'adresse à briser la violence de ce tempérament fougueux, autant aujourd'hui il met de résolution et d'ardeur à en stimuler la mollesse et à en réveiller l'inertie.

Que pensait-il de lui-même lorsque, énumérant les griefs de l'opinion, il ajoutait : « Il me revient qu'on dit que vous vous ressentez de l'éducation qu'on vous a donnée ? » S'en faisait-il quelque reproche ? Le duc de Bourgogne avait douze ans à peine, lorsqu'il s'était séparé de lui pour aller prendre possession du siège de Cambrai. Depuis ce moment, s'il l'avait suivi de loin, comme on le voit par les plans de travail qu'il adressait à l'abbé Fleury, ce n'était que sur les études proprement dites qu'il avait conservé une part d'action. Il ne reparaissait à Paris que trois mois par an; et un jour vint où, après les émotions soulevées par la question du quiétisme, le Roi déclara qu'il ne voulait même plus entendre prononcer son nom. Le prince était resté dès lors presque exclusivement soumis à l'action du père Martineau, à qui il rendait compte par écrit chaque jour de ses réflexions et à l'influence de la cour qui s'enfonçait de plus en plus dans la dévotion. Il y aurait donc quelque injustice à rejeter sur Fénelon toute la responsabilité de la défaillance qu'il sentait si vivement chez le prince arrivé à l'âge où son éducation devait porter ses fruits ; mais n'en a-t-il pas sa part ? et quelle part ? Peut-être faut-il le suivre dans ses rapports avec Mme de Maintenon pour s'en faire une juste idée.

VII

Fénelon a été l'un des fondateurs de Saint-Cyr. Mme de Maintenon ne fait pas difficulté de reconnaître qu'elle eut recours à ses avis pour établir les constitutions de la maison; et il est constant qu'elle l'appela plus d'une fois à développer ses principes et ses méthodes d'éducation en présence de toutes les dames assemblées. La suivit-il dans le premier essor des libertés mondaines pour lesquelles elle devait plus tard se montrer si sévère? Il n'était pas de ceux qui protestent contre tout le monde : il applaudit Esther, *et il était au nombre des cinq ou six personnes qui assistaient, le 5 janvier 1691, avec Louis XIV, le roi et la reine d'Angleterre, à la première et unique représentation d'*Athalie. *Ce qu'on peut affirmer surtout, c'est que, jusqu'à la réforme de 1691, Saint-Cyr n'eut d'autres programmes d'enseignement que les siens; et, lorsqu'on supprima ce qui n'était plus en harmonie suffisante avec l'austérité des règlements nouveaux, l'esprit de l'*Éducation des filles *subsista.* « *Il est très rare, écrivait la Palatine, que les Françaises soient bien élevées; on en fait des coquettes ou des bigotes.* » *Fénelon n'aimait ni les unes ni les autres; et si, après la réforme, le bon sens de Mme de Maintenon maintint à Saint-*

Cyr, même dans la dévotion, certains tempéraments de sagesse, il n'est que juste de lui en attribuer l'honneur, au moins en partie. Ce qui n'est pas moins digne de remarque, c'est que la destinée que Fénelon prévoit dans ses conseils pour les filles de la duchesse de Beauvilliers est celle-là même à laquelle Mme de Maintenon prépare ses élèves : ce sont les mêmes perspectives d'existence provinciale, les mêmes tableaux d'activité intérieure, le même sens des nécessités de la vie, avec plus de gravité de la part de Mme de Maintenon, et moins ce rayon de bonne grâce qui illumine et adoucit presque les plus grandes sévérités de Fénelon. Qu'on rapproche certaines pages de l'Éducation des filles des Entretiens où Mme de Maintenon intervient de sa personne : il semble qu'elle ne fasse que développer à sa manière, si attachante aussi le plus souvent et toujours si judicieuse, des principes dont elle s'est depuis longtemps pénétrée[1]. On croirait entendre Fénelon lui-même, si l'on ne savait qu'après avoir été, à l'origine, le conseil le plus recherché de Saint-Cyr, il s'en trouva de plus en plus écarté, malgré lui, bien avant que le coup de foudre de la condamnation de Mme Guyon l'eût définitivement retranché de la faveur.

D'où vint, après un si grand empressement, cet

---

1. Sur Saint-Cyr et Mme de Maintenon, voir notre Introduction aux *Extraits des Lettres, Avis, Entretiens, Conversations et Proverbes* de Mme de Maintenon. Paris, Hachette, troisième édition, 1885.

oubli délibéré? Nul doute que Mme de Maintenon n'ait eu du goût pour Fénelon, sa personne et sa doctrine. Saint-Simon a merveilleusement décrit leurs premières entrevues et marqué le point où ils s'entendirent à l'heure où, pour Mme de Maintenon, la vie avait déjà tenu ses promesses, tandis que pour Fénelon elle n'avait fait encore qu'entr'ouvrir des espérances. « Mme de Maintenon dinait de règle, une et quelquefois deux fois la semaine, à l'hôtel de Beauvilliers ou de Chevreuse, en cinquième entre les deux sœurs et les deux maris, avec la clochette sur la table, pour n'avoir pas de valet avec eux et causer sans contrainte. C'était un sanctuaire qui tenait toute la cour à leurs pieds et auquel Fénelon fut enfin admis (il venait d'être nommé précepteur du duc de Bourgogne). Il y eut auprès de Mme de Maintenon presque autant de succès qu'il en avait eu auprès des deux ducs; sa spiritualité l'enchanta. La cour s'aperçut bientôt des pas de géant de l'heureux abbé et se porta vers lui. Mais le désir d'être libre et tout entier à ce qu'il s'était proposé, et la crainte encore de déplaire au duc et à Mme de Maintenon, dont le goût allait à une vie particulière et fort séparée, lui fit faire bouclier de modestie et de ses fonctions de précepteur, et le rendit encore plus cher aux seules personnes qu'il avait captivées, et qu'il avait tant d'intérêt à retenir dans cet attachement. » S'il faut en croire le même témoin, toujours prêt à forcer, contre ceux qu'il n'aime pas, la note de la diplomatie à longue portée et de l'habileté à miracle,

Mme de Maintenon n'était pas moins intéressée à s'attacher Fénelon, « l'heureux abbé » étant dès lors le directeur de conscience des dames les plus en renommée de vertu et comme le saint de la cour. L'attachement, quoi qu'il en soit, était sincère. C'est elle qui l'avait choisi, presque imposé comme directeur à Mme de La Maisonfort; et longtemps, malgré le débordement d'inimitiés qu'il avait soulevé par l'appui qu'il prêtait à Mme Guyon, elle lui resta fidèle jusqu'à s'exposer presque, en le défendant, aux périls d'une disgrâce. Le Roi se plaignait publiquement qu'elle lui eût fait nommer évêque un homme « qui pouvait former dans sa cour un grand parti ». Le reproche fut assez vif pour qu'elle en tombât malade et faillit mourir. Plus tard elle remerciera la Providence « de l'avoir préservée des erreurs de M. de Cambrai ». M. de Cambrai est le seul cependant pour qui elle ait à ce degré franchi les limites de sa circonspection ordinaire; Racine et Vauban ne devaient connaître ni la même délicatesse ni la même résolution de dévouement.

Il semblait donc naturel qu'avant que l'affaire du quiétisme fût arrivée à cet éclat, et alors que, filialement soumis à Bossuet, Fénelon, par le charme de sa parole et la discrétion de ses vertus, jouissait d'une véritable domination spirituelle, il eût été naturel, dis-je, que Mme de Maintenon le rapprochât d'elle et l'attachât intimement à la conduite de Saint-Cyr. L'abbé Gobelin, son directeur, était vieux, malade, et, depuis qu'elle avait été élevée sur les marches du trône, il l'avait prise en si grande crainte, il la traitait avec tant de respect, qu'elle en était embarrassée, hésitait à lui demander des conseils, et, lorsqu'il les avait donnés, ne savait qu'en faire. En 1689, il s'agissait de le remplacer, et, l'on voit dans sa correspondance qu'elle en médita longtemps la pensée. Elle avait en vue Bourdaloue, Fénelon et Godet des Marais. Comme pour les éprouver, elle leur demanda des instructions que chacun d'eux lui envoya. Godet des Marais, qui finalement devait avoir sa préférence, fut celui qui d'abord l'attira le moins. « C'était, d'après Saint-Simon, un grand homme de bien, d'honneur, de vertu ; théologien profond, esprit sage, juste, net, savant d'ailleurs et qui était propre aux affaires, sans pédanterie, sachant vivre et se conduire avec le grand monde sans s'y jeter », mais qui n'avait aucun des dons extérieurs auxquels Mme de Maintenon, dans la première conception de Saint-Cyr, n'était pas insensible, et qui se croyait lui-même plus propre à faire un moine qu'un prélat. C'est Bourdaloue qui reçut les premières avances. Il était venu prêcher à Saint-Cyr, où sa parole avait été fort goûtée. Les conseils qu'il adressa à Mme de Maintenon furent, à en juger par les deux lettres qui nous restent, d'une gravité un peu nue. Il déclara d'ailleurs qu'il ne pouvait faire office de direction qu'une fois en six mois, « à cause des occupations que lui donnaient ses sermons ». Il fallut donc renoncer à lui ; ce qui fut fait, « non sans de grands témoignages de redoublement d'estime ».

Nous avons aussi deux lettres de Fénelon répondant à cette sorte d'enquête, lettres d'un intérêt supérieur et singulièrement piquant. Mme de Maintenon l'avait prié de lui parler de ses défauts. La proposition, dans sa simplicité, ne laissait pas d'être délicate, et trahissait autre chose qu'un pur sentiment d'humilité chrétienne. Mais, pour la sagacité psychologique de Fénelon, c'était un sujet de choix. Il est aisé de voir qu'il s'y complaît. Tout en ménageant les formes de sa consultation, il fait aux défauts la part plus large qu'aux qualités ; il établit avec beaucoup de courtoisie que Mme de Maintenon est ingénue, naturelle, disposée à la confiance, jalouse de bonne gloire, et il ajoute qu'en général on rend justice a la pureté de ses motifs ; mais on dit aussi, et, selon toute apparence, avec vérité, qu'elle est sèche et sévère ; que ce qui la blesse la blesse vivement ; qu'il n'est pas permis avec elle d'avoir des défauts, et qu'étant dure à elle-même, elle l'est aussi aux autres ; que surtout quand elle commence de trouver quelque faible dans les gens qu'elle avait espéré de trouver parfaits, elle s'en dégoûte trop vite et pousse trop loin le dégoût ; que le moi est une idole qu'elle n'a pas brisée..... » N'était-ce pas vraiment trop oublier ce qu'il écrivait un jour au duc de Chevreuse : « qu'une vérité qu'on nous dit nous fait plus de peine que cent que nous nous dirions à nous-mêmes » ? On peut croire au moins que Mme de Maintenon, en appelant la lumière, eût aimé à en voir un peu amortir l'éclat. N'était-ce pas aussi risquer *d'alarmer sa conscience et ses intérêts que de l'exhorter avec une vivacité pressante « à agir sur le Roi, à s'emparer de son esprit, à l'obséder par des gens sûrs qui agissent de concert avec elle pour lui faire accomplir dans leur vraie étendue ses devoirs dont il n'a aucune idée »* ? Qu'aurait pensé Louis XIV d'une telle suggestion, et qu'aurait-il fait à une époque où les pouvoirs de celle que les esprits mal intentionnés s'acharnaient encore à appeler la grande favorite étaient à peine fondés? Mais ni le sentiment d'une certaine humiliation, ni même celui de la peur d'une défaveur passagère ne concourut, semble-t-il, à décider Mme de Maintenon, autant que le caractère même et les visées que cette consultation lui permit de reconnaître en Fénelon. Ce qu'il demande finalement, avec une adresse trop peu déguisée, c'est « *qu'elle se soumette, par principe de christianisme et par sacrifice de raison, aux conseils d'une seule personne* », — *d'une seule personne*, « *parce qu'on ne doit pas multiplier les directeurs, ni en changer sans de grands motifs* ». L'autorité unique, souveraine, voilà ce qu'il réclame, et c'est cette autorité que Mme de Maintenon ne voulut pas lui accorder. En aucun temps, et même alors qu'elle le laissait faire le plus librement à Saint-Cyr, elle ne s'était dépossédée ni de la direction de la maison, ni de la direction de sa propre conscience : « *Je ne puis, Madame*, disait Fénelon, au début de sa lettre, *vous parler sur vos défauts que douteusement et presque au hasard : vous n'avez jamais agi de suite avec moi, et je compte pour peu ce que les autres m'ont dit de vous.* » Mme de Maintenon *voulait un directeur qui l'avertît sans s'imposer. Elle aimait à être éclairée ; mais sa soumission n'allait pas au renoncement, et se remettre entre les mains de Fénelon, il le lui avait lui-même assez fait entendre, c'était abdiquer.* « Fénelon, dit Saint-Simon, s'était accoutumé à une domination qui, dans sa douceur, ne souffrait point de résistance... Il voulait être cru du premier mot... Être l'oracle lui était tourné en habitude.... Il entendait prononcer en maître qui ne rend raison à personne et régner directement de plain pied. » *Et cet esprit* « à faire peur », *qui avait effrayé Bossuet, était d'autant plus redoutable qu'il ne se laissait point voir d'abord et, suivant la fine observation du chancelier d'Aguesseau,* « paraissait même céder dans le temps qu'il entraînait ».

Toute sa conduite pédagogique à l'égard du duc de Bourgogne est profondément empreinte de ce besoin de domination, et là est la faiblesse de son œuvre. C'est par la pratique de la direction qu'il était arrivé à la connaissance supérieure des principes de la pédagogie ; et de la pratique de la direction il lui était resté le goût passionné de l'action envahissante et absolue. A l'époque où Mme *de la Maisonfort hésitait à se consacrer à la maison de Saint-Cyr, il lui écrivait :* « La vocation ne se manifeste pas moins par la décision d'autrui que par notre propre attrait ; quand Dieu ne donne rien au dedans pour *attirer, il donne au dehors une autorité qui décide.* » Une autorité qui décide, tel il a été pour le duc de Bourgogne toute sa vie. L'objet de l'éducation telle que nous la comprenons aujourd'hui est non de briser la volonté chez l'enfant pour la mieux subordonner, mais de l'aider à s'en créer une d'après laquelle il se règle, non de le maintenir incessamment en tutelle, mais de le préparer à l'affranchissement. Kant demande même que le maître ne fasse pas trop sentir sa supériorité, afin que l'enfant se sente plus libre de se former. Ce n'est pas ainsi qu'en usait Fénelon. Il prévient de loin son élève, il le préoccupe, pour me servir de son expression si forte, c'est-à-dire qu'il s'en empare avant tout le monde. Pour mieux posséder le petit prince, il s'était réservé presque exclusivement son éducation proprement dite : l'abbé Fleury et l'abbé Langeron paraissent n'avoir participé qu'à son instruction. Bien plus, il semble qu'il l'ait isolé de toute camaraderie d'enfance et de jeunesse. Bossuet, touché de la nécessité de mettre le Dauphin en rapport d'émulation et d'ouverture de cœur avec des écoliers de son âge, avait fait admettre auprès de lui quatre enfants qu'on appelait les enfants d'honneur ; plus tard, deux pages, qui accompagnaient partout Monseigneur, faisaient assaut avec lui d'intelligence et de mémoire ; plus tard enfin, les deux princes de Conti étaient devenus ses compagnons familiers. On ne voit guère que le duc de Bourgogne frayât avec ses deux frères, bien qu'ils reçussent les mêmes leçons que* lui; pendant les six ans qu'il appartint à son précepteur, il ne connut presque d'autre compagnie ordinaire que la sienne. Ce goût du particulier que Fénelon lui reprochait plus tard, c'est lui qui le lui avait donné ou qui tout au moins, par la coutume qu'il lui en avait laissé prendre, en avait augmenté le besoin. Et si l'on doit croire que d'autres mirent la main à ces habitudes d'austérité solitaire et de piété rétrécissante, qui, a quinze ans, tenaient le cœur et l'esprit du jeune duc comme enfermés dans les exercices d'une dévotion scrupuleuse, est-il possible de méconnaître que cette toute-puissante et trop puissante direction de Fénelon en avait déposé et développé le germe? Plus tard même, quand, après tant d'années d'éloignement et de silence (c'est lui qui le remarque, — lettre du 25 octobre 1708), quand il se rapproche de son élève, avec quelle autorité il le ramène et le retient sous son joug tout en le poussant à l'indépendance et à la virilité! « Au nom de Dieu, écrit-il au duc de Chevreuse, que le P P. ne se laisse gouverner ni par vous, ni par moi, ni par aucune personne du monde » ! Et en même temps il ne peut s'empêcher d'exercer sur lui, dans le détail, le plus impérieux des gouvernements.

Tout conspirait à lui mettre en mains cette action. « Malgré la raideur et la profondeur de sa chute, — c'est Saint-Simon qui parle, — malgré la persécution toujours active de Mme de Maintenon, le précipice ouvert du côté du Roi et dix-sept années d'exil, il avait eu le bonheur de se conserver en en-

tier le cœur et l'estime de tous ses amis sans l'affaiblissement d'aucun, tous aussi vifs, aussi attentifs, aussi faisant leur chose capitale de ce qui le regardait, aussi assujettis à sa direction, aussi ardents à profiter de tout pour le remettre en première place que les premiers jours de sa disgrâce... On se réunissait pour se parler de lui, pour le regretter, pour le désirer, pour se tenir de plus en plus à lui, comme les Juifs pour Jérusalem, et soupirer après son retour et l'espérer toujours, comme ce malheureux peuple attend encore et soupire après le Messie... Et cela avec la plus grande mesure de respect pour le Roi, mais sans s'en cacher, et moins qu'aucun d'eux les ducs de Chevreuse et de Beauvilliers, toute leur famille et Monseigneur le duc de Bourgogne même... » Monseigneur le duc de Bourgogne surtout, pourrions-nous dire. Le P. P., qui s'était donné, ne se reprit jamais. Il vivait sur ses souvenirs, il se réglait d'après l'enseignement dont il avait été nourri. Pendant la guerre de Flandre, il crut un jour qu'à l'exemple du fils d'Ulysse, qui dans le TÉLÉMAQUE laisse la vie au transfuge Acante, il devait épargner le dernier supplice à un espion ennemi qui s'était introduit dans son camp : les représentations des autres généraux ne purent le détourner de cet acte d'imprudente clémence. De toutes les fictions inventées par Fénelon pour son éducation, il n'en est pas, à notre avis, de plus expressive que le personnage de Mentor. Télémaque ne voit, ne pense, ne parle que par Mentor. Or Mentor ou Minerve, c'est-à-dire la Sagesse, c'est

Fénelon. Il est vrai que, l'éducation de Télémaque terminée, Minerve remonte au ciel. Mais le petit prince, devenu roi, eût-il pu se séparer de son maître, tant que son maître, relativement jeune encore, aurait existé? A défaut d'un avenir incertain pour lui-même, Fénelon voyait ses idées régner. La mort du père du duc de Bourgogne, du grand Dauphin, sembla un moment rapprocher cette vague et lointaine attente. Comment hésiter à croire que la pensée de Fénelon, animée d'ailleurs des passions les plus généreuses, suivît par avance l'héritier de Louis XIV jusque sur le trône? Le duc de Bourgogne enlevé à son tour, tous les liens furent brisés, comme il le dit lui-même. La mort du duc de Chevreuse, qui ne tarda guère, redoubla le coup; celle du duc de Beauvilliers, — le dernier de ceux en qui se résumait sa vie d'affection, de domination, d'espérance, — l'atterra.

VIII

L'application que Fénelon fit de ses doctrines est donc moins libérale que ses doctrines mêmes; elle marque le point où une interprétation abusive des meilleures théories peut faire naître le danger. Mais ses conseils, pris en eux-mêmes, n'y sauraient rien perdre de leur pénétrante justesse. Le traité de l'Éducation des filles compte, à bon droit, au nombre des œuvres les plus vivantes par la grâce et la solidité.

Comme tous les éducateurs de race, — les maîtres de Port-Royal, Rollin, Mme de Maintenon, Pestalozzi, — Fénelon aimait la jeunesse. Son père avait eu dix-sept enfants : quatorze d'un premier mariage, trois d'un second. De là était sortie toute une famille dont il avait toujours quelque membre à domicile au palais de Cambrai. Fanta et Fanfan, ses deux neveux de prédilection, jouent un grand rôle dans sa correspondance intime. Comme si la troupe de ses « propres péripatéticiens » ne lui suffisait pas, il se plaisait à garder auprès de lui les enfants des autres, les fils du duc de Chaulnes, petits-fils du duc de Chevreuse, et jusque dans son extrême vieillesse il faisait les catéchismes de sa paroisse. De même que les grands éducateurs aussi, il respectait dans l'enfant la dignité de la nature humaine. Il en connaissait certes les faiblesses : aucune vérité morale ne lui apparaît qu'avec toutes les nuances qu'elle comporte ; la fermeté d'un bon sens presque infaillible s'alliait chez lui à toutes les ressources d'une expérience raffinée. Mais jamais esprit ne se complut moins dans la description des instincts inférieurs de l'humanité. Quelque convaincu qu'il fût et de l'autorité de l'exemple sur l'enfant et de la nécessité de ne pas écarter de son regard ceux qu'il doit éviter, ce n'est pas lui qui aurait enivré un ilote pour guérir la jeunesse d'un vice honteux par le spectacle de la débauche ; il lui suffit de signaler du doigt le mal discrètement, lorsqu'il le rencontre, et il se hâte de passer.

La générosité et la franchise de ce sentiment n'ont pas moins bien servi l'écrivain que le moraliste. On trouverait à peine à relever çà et là, dans l'Éducation des filles, quelques artifices de style. D'ordinaire Fénelon résiste peu aux entraînements de son imagination, aux séductions de ses souvenirs ; il est sensible à la noblesse de l'expression, à l'élégance du tour ; il laisse volontiers sa phrase se charger d'ornements au risque de l'alanguir et de l'énerver. Même dans les Lettres spirituelles, qui à tant d'égards sont des lettres d'éducation, on retrouve trop souvent la marque de cette ampleur un peu molle et de ces habitudes de recherche : les comparaisons sont trop poussées, les images sortent du bon goût et de la vérité ; l'agrément dégénère en mièvrerie et en gentillesse. Le traité de l'Éducation des filles est d'un bout à l'autre plein et sobre. On ne saurait s'étonner que les citations de l'Écriture n'y soient point rares ; mais elles font intimement corps avec le développement. Rien n'est donné à la parure ; l'élégance, bien que le sujet fût de ceux qui pussent paraître y inviter, est soutenue sans afféterie. Fénelon traite familièrement les choses familières, parle des petites choses comme de petites choses et ne les relève que par la vivacité et la justesse du tour. Soit qu'il signale ce qu'il y a de délicatesse fâcheuse « à gronder un valet pour un potage mal assaisonné, pour un rideau *mal plissé, pour une chaise trop haute ou trop basse* », soit qu'il mette la mère en garde contre les dangers de l'office, où l'enfant entendra « *médire, mentir et disputer* », il ne recule pas devant le détail expressif. Il peint l'ordre d'une bonne maison en homme qui s'est rendu compte et dont l'administration diocésaine provoquait l'admiration de Saint-Simon.

Ce naturel est plein de charme, et la force n'y manque point. Fénelon ne la fait pas sentir, il est vrai ; son style, comme celui de Racine, ne présente point de saillies ; mais il a cette admirable égalité de ton qui résulte du rapport exact, de l'exquise harmonie de la pensée et de l'expression. Un juge délicat, M. de Sacy, a pu dire du traité de l'ÉDUCATION DES FILLES : « C'est du Xénophon écrit avec une plume chrétienne. » Il rappelle, en effet, ce que l'atticisme a produit de plus parfait. La simplicité aimable en est le fond. On a remarqué que cette simplicité n'est pas celle par où l'on commence, mais celle à laquelle on revient à force d'esprit, d'art et de goût. Il serait vraiment injuste de n'y pas faire la part de la nature. Il en est de la physionomie littéraire de Fénelon comme de sa physionomie morale, qui « rassemblait tout et où les contraires ne se combattaient pas ». (Saint-Simon.) La simplicité est un des éléments de son talent si complexe. Rollin, qui ne prodigue pas sa confiance, recommande l'ÉDUCATION DES FILLES comme un livre excellent à mettre entre toutes les mains. Ceux qui, comme Michelet de nos jours, sont le plus disposés à souscrire à la sévérité de Louis XIV, ne peuvent s'empêcher de reconnaître qu'il est « judicieux et hors de toute théorie », sans bel esprit ni chimère.

NOTE DE L'ÉDITEUR

Nous avons, pour la présente réimpression, suivi l'édition de 1696, la dernière faite sous les yeux de Fénelon, et, dans les passages qui nous ont paru fautifs, nous l'avons contrôlée par l'édition originale de 1687. Nous donnons donc ainsi un texte absolument authentique de l'*Éducation des filles*.

Ce traité ne contenant aucune allusion qui demande à être expliquée, nous avons estimé qu'il n'y avait pas lieu de l'accompagner de notes, surtout avec l'importante étude historique et critique qui le précède, et qui préparera le lecteur plus complètement que ne le ferait aucune annotation à l'intelligence de l'ensemble de l'ouvrage. Quant à la langue même, on ne s'étonnera pas que nous ne partagions ni l'opinion ni le goût d'un éditeur de 1823, Baillot de Saint-Martin, qui déclarait offrir au public le traité de Fénelon « transcrit dans un style plus correct ». Le style de Fénelon n'a besoin d'être ni corrigé ni éclairci.

Nous avons, suivant la tradition, ajouté au traité de Fénelon son *Avis à une dame de qualité sur l'éducation de sa fille*. On ne sait pas exactement à qui ce morceau est adressé, mais il est toujours certain que ce n'est pas à Mme de Beauvilliers, puisque la mère à qui Fénelon écrit n'a qu'une fille, et que Mme de Beauvilliers en avait huit. L'*Avis* a été imprimé pour la première fois en 1715, après la mort de Fénelon, à la suite de la troisième édition de l'*Éducation des filles*.

D. J.

DE L'ÉDUCATION DES FILLES

CHAPITRE PREMIER

De l'importance de l'éducation des filles.

Rien n'est plus négligé que l'éducation des filles. La coutume et le caprice des mères y décident souvent de tout : on suppose qu'on doit donner à ce sexe peu d'instruction. L'éducation des garçons passe pour une des principales affaires par rapport au bien public; et, quoiqu'on n'y fasse guère moins de fautes que dans celle des filles, du moins on est persuadé qu'il faut beaucoup de lumières pour y réussir. Les plus habiles gens se sont appliqués à donner des règles dans cette matière. Combien voit-on de maîtres et de collèges! Combien de dépenses pour des impressions de livres, pour des recherches de sciences, pour des méthodes d'apprendre les langues, pour le choix des professeurs ! Tous ces grands préparatifs ont souvent plus d'apparence que de solidité; mais enfin ils marquent la haute idée qu'on a de l'éducation des garçons. Pour les filles, dit-on, il ne faut pas qu'elles soient savantes; la curiosité les rend vaines et précieuses; il suffit qu'elles sachent gouverner un jour leurs ménages, et obéir à leurs maris sans raisonner. On ne manque pas de se servir de l'expérience qu'on a de beaucoup de femmes que la science a rendues ridicules. Après quoi on se croit en droit d'abandonner aveuglément les filles à la conduite de mères ignorantes et indiscrètes.

Il est vrai qu'il faut craindre de faire des savantes ridicules. Les femmes ont d'ordinaire l'esprit encore plus foible et plus curieux que les hommes; aussi n'est-il point à propos de les engager dans des études dont elles pourroient s'entêter : elles ne doivent ni gouverner l'État, ni faire la guerre, ni entrer dans le ministère des choses sacrées. Ainsi, elles peuvent se passer de certaines connoissances étendues qui appartiennent à la politique, à l'art militaire, à la jurisprudence, à la philosophie et à la théologie. La plupart même des arts mécaniques ne leur conviennent pas. Elles sont faites pour des exercices modérés. Leur corps, aussi bien que leur esprit, est moins fort et moins robuste que celui des hommes. En revanche, la nature leur a donné en partage l'industrie, la propreté et l'économie, pour les occuper tranquillement dans leurs maisons.

Mais que s'ensuit-il de la foiblesse naturelle des femmes ? Plus elles sont foibles, plus il est important de les fortifier. N'ont-elles pas des devoirs à remplir, mais des devoirs qui sont les fondemens de toute la vie humaine ? N'est-ce pas elles qui ruinent ou qui soutiennent les maisons, qui règlent tout le détail des choses domestiques, et qui par conséquent décident de ce qui touche de plus près à tout le genre humain ? Par là elles ont la principale part aux bonnes ou aux mauvaises mœurs de presque tout le monde. Une femme judicieuse, appliquée et pleine de religion est l'âme de toute une grande maison ; elle y met l'ordre pour les biens temporels et pour le salut. Les hommes même qui ont toute l'autorité en public ne peuvent par leurs délibérations établir aucun bien effectif, si les femmes ne leur aident à l'exécuter.

Le monde n'est point un fantôme, c'est l'assemblage de toutes les familles ; et qui est-ce qui peut les policer avec un soin plus exact que les femmes, qui, outre leur autorité naturelle et leur assiduité dans leur maison, ont encore l'avantage d'être nées soigneuses, attentives au détail, industrieuses, insinuantes et persuasives ? Mais les hommes peuvent-ils espérer pour eux-mêmes quelque douceur de vie, si leur plus étroite société, qui est celle du mariage, se tourne en amertume? Mais les enfans, qui feront dans la suite tout le genre humain, que deviendront-ils, si les mères les gâtent dès leurs premières années?

Voilà donc les occupations des femmes, qui ne sont guère moins importantes au public que celles des hommes, puisqu'elles ont une maison à régler, un mari à rendre heureux, des enfans à bien élever : ajoutez que la vertu n'est pas moins pour les femmes que pour les hommes; sans parler du bien ou du mal qu'elles peuvent faire au public, elles sont la moitié du genre humain racheté du sang de Jésus-Christ et destiné à la vie éternelle.

Enfin, il faut considérer, outre le bien que font les femmes quand elles sont bien élevées, le mal qu'elles causent dans le monde quand elles manquent d'une éducation qui leur inspire la vertu. Il est constant que la mauvaise éducation des femmes fait plus de mal que celle des hommes, puisque les désordres des hommes viennent souvent et de la mauvaise éducation qu'ils ont reçue de leurs mères, et des passions que d'autres femmes leur ont inspirées dans un âge plus avancé.

Quelles intrigues se présentent à nous dans les histoires, quel renversement des lois et des mœurs, quelles guerres sanglantes, quelles nouveautés contre la religion, quelles révolutions d'État causées par le dérèglement des femmes! Voilà ce qui prouve l'importance de bien élever les filles : cherchons-en les moyens.

CHAPITRE II

Inconvéniens des éducations ordinaires.

L'IGNORANCE d'une fille est cause qu'elle s'ennuie, et qu'elle ne sait à quoi s'occuper innocemment. Quand elle est venue jusqu'à un certain âge sans s'appliquer aux choses solides, elle n'en peut avoir ni le goût ni l'estime : tout ce qui est sérieux lui paroît triste; tout ce qui demande une attention suivie la fatigue : la pente aux plaisirs, qui est forte pendant la jeunesse; l'exemple des personnes du même âge, qui sont plongées dans l'amusement; tout sert à lui faire craindre une vie réglée et laborieuse. Dans ce premier âge, elle manque d'expérience et d'autorité pour gouverner quelque chose dans la maison de ses parens. Elle ne connoît pas même l'importance de s'y appliquer, à moins que sa mère n'ait pris soin de la lui faire remarquer en détail. Si elle est de condition, elle est exempte du travail des mains : elle ne travaillera donc que quelques heures du jour, parce qu'on dit, sans savoir pourquoi, qu'il est honnête aux femmes de travailler; mais souvent ce ne sera qu'une contenance, et elle ne s'accoutumera point à un travail suivi.

En cet état, que fera-t-elle? La compagnie d'une mère qui l'observe, qui la gronde, qui croit la bien élever en ne lui pardonnant rien, qui se compose avec elle, qui lui fait essuyer ses humeurs, qui lui paroît toujours chargée de tous les soucis domestiques, la gêne et la rebute; elle a autour d'elle des femmes flatteuses, qui, cherchant à s'insinuer par des complaisances basses et dangereuses, suivent toutes ses fantaisies, et l'entretiennent de tout ce qui peut la dégoûter du bien; la piété lui paroît une occupation languissante et une règle ennemie de tous les plaisirs. A quoi donc s'occupera-t-elle? A rien d'utile. Cette inapplication se tourne même en habitude incurable.

Cependant voilà un grand vide qu'on ne peut espérer de remplir de choses solides. Il faut donc que les frivoles prennent la place. Dans cette oisiveté, une fille s'abandonne à sa paresse; et la paresse, qui est une langueur de l'âme, est une source inépuisable d'ennuis. Elle s'accoutume à dormir d'un tiers plus qu'il ne faudroit pour conserver une santé parfaite. Ce long sommeil ne sert qu'à l'amollir, qu'à la rendre plus délicate, plus exposée aux révoltes du corps, au lieu qu'un sommeil médiocre, accompagné d'un exercice réglé, rend une personne gaie, vigoureuse et robuste; ce qui fait sans doute la véritable perfection du corps, sans parler des avantages que l'esprit en tire.

Cette mollesse et cette oisiveté étant jointes à l'ignorance, il en naît une sensibilité pernicieuse pour les divertissemens et pour les spectacles. C'est même ce qui excite une curiosité indiscrète et insatiable.

Les personnes instruites et occupées à des choses sérieuses n'ont d'ordinaire qu'une curiosité médiocre. Ce qu'elles savent leur donne du mépris pour beaucoup de choses qu'elles ignorent; elles voient l'inutilité et le ridicule de la plupart des choses que les petits esprits, qui ne savent rien et qui n'ont rien à faire, sont empressés d'apprendre.

Au contraire, les filles mal instruites et inappliquées ont une imagination toujours errante. Faute d'aliment solide, leur curiosité se tourne toute avec ardeur vers les objets vains et dangereux. Celles qui ont de l'esprit s'érigent souvent en précieuses, et lisent tous les livres qui peuvent nourrir leur vanité; elles se passionnent pour des romans, pour des comédies, pour des récits d'aventures chimériques, où l'amour profane est mêlé; elles se rendent l'esprit visionnaire en s'accoutumant au langage magnifique des héros de romans; elles se gâtent même par là pour le monde : car tous ces beaux sentimens en l'air, toutes ces passions généreuses, toutes ces aventures que l'auteur du roman a inventées pour le plaisir, n'ont aucun rapport avec les vrais motifs qui font agir dans le monde et qui décident des affaires, ni avec les mécomptes qu'on trouve dans tout ce qu'on entreprend.

Une pauvre fille pleine du tendre et du merveilleux qui l'ont charmée dans ses lectures est étonnée de ne trouver point dans le monde de vrais personnages qui ressemblent à ces héros : elle voudroit vivre comme ces princesses imaginaires, qui sont, dans les romans, toujours charmantes, toujours adorées, toujours au-dessus de tous les besoins. Quel dégoût pour elle de descendre de l'héroïsme jusqu'au plus bas détail du ménage !

Quelques-unes poussent leur curiosité encore plus loin, et se mêlent de décider sur la religion, quoiqu'elles n'en soient point capables. Mais celles qui n'ont pas assez d'ouverture d'esprit pour ces curiosités en ont d'autres qui leur sont proportionnées : elles veulent ardemment savoir ce qui se dit, ce qui se fait; une chanson, une nouvelle, une intrigue; recevoir des lettres, lire celles que les autres reçoivent; elles veulent qu'on leur dise tout, et elles veulent aussi tout dire; elles sont vaines, et la vanité fait parler beaucoup; elles sont légères, et la légèreté empêche les réflexions qui feroient souvent garder le silence.

CHAPITRE III

Quels sont les premiers fondemens de l'éducation.

POUR remédier à tous ces maux, c'est un grand avantage que de pouvoir commencer l'éducation des filles dès leur plus tendre enfance : ce premier âge, qu'on abandonne à des femmes indiscrètes et quelquefois déréglées, est pourtant celui où se font les impressions les plus profondes, et qui par conséquent a un grand rapport à tout le reste de la vie.

Avant que les enfans sachent entièrement parler, on peut les préparer à l'instruction. On trouvera peut-être que j'en dis trop; mais on n'a qu'à considérer ce que fait l'enfant qui ne parle pas encore. Il apprend une langue qu'il parlera bientôt plus exactement que les savans ne sauroient parler les langues mortes, qu'ils ont étudiées avec tant de travail dans l'âge le plus mûr. Mais qu'est-ce qu'apprendre une langue? Ce n'est pas seulement mettre dans sa mémoire un grand nombre de mots, c'est encore, dit saint Augustin, observer le sens de chacun de ces mots en particulier.

L'enfant, dit-il, parmi ses cris et ses jeux, remarque de quel objet chaque parole est le signe : il le fait tantôt en considérant les mouvemens naturels des corps qui touchent ou qui montrent les objets dont on parle ; tantôt étant frappé par la fréquente répétition du même mot pour signifier le même objet. Il est vrai que le tempérament du cerveau des enfans leur donne une admirable facilité pour l'impression de toutes ces images. Mais quelle attention d'esprit ne faut-il pas pour les discerner et pour les attacher chacune à son objet !

Considérez encore combien dès cet âge les enfans cherchent ceux qui les flattent et fuient ceux qui les contraignent ; combien ils savent crier, ou se taire, pour avoir ce qu'ils souhaitent ; combien ils ont déjà d'artifice et de jalousie. J'ai vu, dit saint Augustin, un enfant jaloux : il ne savoit pas encore parler, et, avec un visage pâle et des yeux irrités, il regardoit déjà l'enfant qui tetoit avec lui.

On peut donc compter que les enfans connoissent dès lors plus qu'on ne s'imagine d'ordinaire : ainsi, vous pouvez leur donner, par des paroles qui seront aidées par des tons et des gestes, l'inclination d'être avec les personnes honnêtes et vertueuses qu'ils voient, plutôt qu'avec d'autres personnes déraisonnables qu'ils seroient en danger d'aimer; ainsi, vous pouvez encore, par les différens airs de votre visage et par le ton de votre voix, leur représenter avec horreur les gens qu'ils ont vus en colère, ou dans quelque autre dérèglement, et prendre les tons les plus doux, avec le visage le plus serein, pour leur représenter avec admiration ce qu'ils ont vu faire de sage et de modeste.

Je ne donne pas ces petites choses pour grandes. Mais enfin ces dispositions éloignées sont des commencemens qu'il ne faut pas négliger; et cette manière de prévenir de loin les enfans a des suites insensibles qui facilitent l'éducation.

Si on doute encore du pouvoir que ces premiers préjugés de l'enfance ont sur les hommes, on n'a qu'à voir combien le souvenir des choses qu'on a aimées dans l'enfance est encore vif et touchant dans un âge avancé. Si, au lieu de donner aux enfans de vaines craintes des fantômes et des esprits, qui ne font qu'affoiblir par de trop grands ébranlemens leur cerveau encore tendre; si, au lieu de les laisser suivre toutes les imaginations de leurs nourrices pour les choses qu'ils doivent aimer ou fuir, on s'attachoit à leur donner toujours une idée agréable du bien et une idée affreuse du mal, cette prévention leur faciliteroit beaucoup dans la suite la pratique de toutes les vertus. Au contraire, on leur fait craindre un prêtre vêtu de noir; on ne leur parle de la mort que pour les effrayer; on leur raconte que les morts reviennent la nuit sous des figures hideuses : tout cela n'aboutit qu'à rendre une âme foible et timide, et qu'à la préoccuper contre les meilleures choses.

Ce qui est le plus utile dans les premières années de l'enfance, c'est de ménager la santé de l'enfant, de tâcher de lui faire un sang doux par le choix des alimens et par un régime de vie simple; c'est de régler ses repas, en sorte qu'il mange toujours à peu près aux mêmes heures; qu'il mange assez souvent à proportion de son besoin; qu'il ne mange point hors des repas, parce que c'est surcharger l'estomac pendant que la digestion n'est pas finie; qu'il ne mange rien de haut goût qui l'excite à manger au delà de son besoin et qui le dégoûte des alimens plus convenables à sa santé; qu'enfin on ne lui serve pas trop de choses différentes : car la variété des viandes qui viennent l'une après l'autre soutient l'appétit après que le vrai besoin de manger est fini.

Ce qu'il y a encore de très important, c'est de laisser affermir les organes en ne pressant point l'instruction ; d'éviter tout ce qui peut allumer les passions; d'accoutumer doucement l'enfant à être privé des choses pour lesquelles il a témoigné trop d'ardeur, afin qu'il n'espère jamais d'obtenir les choses qu'il désire.

Si peu que le naturel des enfans soit bon, on peut les rendre ainsi dociles, patiens, fermes, gais et tranquilles; au lieu que, si on néglige ce premier âge, ils y deviennent ardens et inquiets pour toute leur vie; leur sang se brûle, les habitudes se forment; le corps encore tendre et l'âme qui n'a encore aucune pente vers aucun objet, se plient vers le mal; il se fait en eux une espèce de second péché originel, qui est la source de mille désordres quand ils sont plus grands.

Dès qu'ils sont dans un âge plus avancé, où leur raison est toute développée, il faut que toutes les paroles qu'on leur dit servent à leur faire aimer la vérité et à leur inspirer le mépris de toute dissimulation. Ainsi, on ne doit jamais se servir d'aucune feinte pour les apaiser ou pour leur persuader ce qu'on veut. Par là, on leur enseigne la finesse, qu'ils n'oublient jamais; il faut les mener par la raison autant qu'on peut.

Mais examinons de plus près l'état des enfans pour voir plus en détail ce qui leur convient. La substance de leur cerveau est molle, et elle se durcit tous les jours; pour leur esprit, il ne sait rien, tout lui est nouveau : cette mollesse du cerveau fait que tout s'y imprime facilement, et la surprise de la nouveauté fait qu'ils admirent aisément, et qu'ils sont fort curieux. Il est vrai aussi que cette humidité et cette mollesse du cerveau, jointe à une grande chaleur, lui donne un mouvement facile et continuel : de là vient cette agitation des enfans qui ne peuvent arrêter leur esprit à aucun objet, non plus que leur corps en aucun lieu.

D'un autre côté, les enfans ne sachant encore rien penser ni faire d'eux-mêmes, ils remarquent tout, et ils parlent peu, si on ne les accoutume à parler beaucoup, et c'est de quoi il faut bien se garder. Souvent le plaisir qu'on veut tirer des jolis enfans les gâte : on les accoutume à hasarder tout ce qui leur vient dans l'esprit, et à parler des choses dont ils n'ont pas encore des connoissances distinctes; il leur en reste toute leur vie l'habitude de juger avec précipitation, et de dire des choses dont ils n'ont point d'idées claires; ce qui fait un très mauvais caractère d'esprit.

Ce plaisir qu'on veut tirer des enfans produit encore un effet pernicieux; ils aperçoivent qu'on les regarde avec complaisance, qu'on observe tout ce qu'ils font, qu'on les écoute avec plaisir. Par là, ils s'accoutument à croire que le monde sera toujours occupé d'eux.

Pendant cet âge où l'on est applaudi et où l'on n'a point encore éprouvé la contradiction, on conçoit des espérances chimériques, qui préparent des mécomptes infinis pour toute la vie. J'ai vu des enfans qui croyoient qu'on parloit d'eux toutes les fois qu'on parloit en secret, parce qu'ils avoient remarqué qu'on l'avoit fait souvent. Ils s'imaginoient n'avoir en eux rien que d'extraordinaire et d'admirable. Il faut donc prendre soin des enfans sans leur laisser voir qu'on pense beaucoup à eux. Montrez-leur que c'est par amitié et par le besoin où ils sont d'être redressés que vous êtes attentif à leur conduite, et non par l'admiration de leur esprit. Contentez-vous de les former peu à peu selon les occasions qui viennent naturellement; quand même vous pourriez avancer beaucoup l'esprit d'un enfant sans le presser, vous devriez craindre de le faire : car le danger de la vanité et de la présomption est toujours plus grand que le fruit de ces éducations prématurées qui font tant de bruit.

Il faut se contenter de suivre et d'aider la nature; les enfans savent peu, il ne faut pas les exciter à parler; mais, comme ils ignorent beaucoup de choses, ils ont beaucoup de questions à faire; aussi en font-ils beaucoup. Il suffit de leur répondre précisément, et d'ajouter quelquefois certaines petites comparaisons pour rendre plus sensibles les éclaircissemens qu'on doit leur donner : s'ils jugent de quelque chose sans le bien savoir, il faut les embarrasser par quelque question nouvelle, pour leur faire sentir leur faute sans les confondre rudement; en même temps il leur faut faire apercevoir, non par des louanges vagues, mais par quelque marque effective d'estime, qu'on les approuve bien plus quand ils doutent et qu'ils demandent ce qu'ils ne savent pas que quand ils décident le mieux. C'est le vrai moyen de mettre dans leur esprit, avec beaucoup de politesse, une modestie véritable et un grand mépris pour les contestations qui sont si ordinaires aux jeunes personnes peu éclairées.

Dès qu'il paroît que leur raison a fait quelque progrès, il faut se servir de cette expérience pour les prémunir contre la présomption. Vous voyez, direz-vous, que vous êtes plus raisonnable maintenant que vous ne l'étiez l'année passée; dans un an vous verrez encore des choses que vous n'êtes pas capable de voir aujourd'hui. Si, l'année passée, vous aviez voulu juger des choses que vous savez maintenant et que vous ignoriez alors, vous en auriez mal jugé. Vous auriez eu grand tort de prétendre savoir ce qui étoit au delà de votre portée. Il en est de même aujourd'hui des choses qui vous restent à connoître. Vous verrez un jour combien vos jugemens présens sont imparfaits. Cependant fiez-vous aux conseils des personnes qui jugent comme vous jugerez vous-même quand vous aurez leur âge et leur expérience.

La curiosité des enfans est un penchant de la nature qui va comme au-devant de l'instruction;

ne manquez pas d'en profiter. Par exemple, à la campagne, ils voient un moulin, et ils veulent savoir ce que c'est; il faut leur montrer comment se prépare l'aliment qui nourrit l'homme. Ils aperçoivent des moissonneurs, et il faut leur expliquer ce qu'ils font, comment est-ce qu'on sème le blé, et comment il se multiplie dans la terre. A la ville, ils voient des boutiques où s'exercent plusieurs arts et où l'on vend diverses marchandises. Il ne faut jamais être importuné de leurs demandes ; ce sont des ouvertures que la nature vous offre pour faciliter l'instruction : témoignez y prendre plaisir; par là, vous leur enseignerez insensiblement comment se font toutes les choses qui servent à l'homme, et sur lesquelles roule le commerce. Peu à peu, sans étude particulière, ils connoîtront la bonne manière de faire toutes ces choses qui sont de leur usage, et le juste prix de chacune, ce qui est le vrai fond de l'économie. Ces connoissances, qui ne doivent être méprisées de personne, puisque le monde a besoin de ne se laisser pas tromper dans sa dépense, sont principalement nécessaires aux filles.

CHAPITRE IV

Imitation à craindre.

L'IGNORANCE des enfans, dans le cerveau desquels rien n'est encore imprimé et qui n'ont aucune habitude, les rend souples et enclins à imiter tout ce qu'ils voient. C'est pourquoi il est capital de ne leur offrir que de bons modèles. Il ne faut laisser approcher d'eux que des gens dont les exemples soient utiles à suivre; mais, comme il n'est pas possible qu'ils ne voient, malgré les précautions qu'on prend, beaucoup de choses irrégulières, il faut leur faire remarquer de bonne heure l'impertinence de certaines personnes vicieuses et déraisonnables, sur la réputation desquelles il n'y a rien à ménager; il faut leur montrer combien on est méprisé et digne de l'être, combien on est misérable quand on s'abandonne à ses passions et qu'on ne cultive point sa raison. On peut ainsi, sans les accoutumer à la moquerie, leur former le goût et les rendre sensibles aux vraies bienséances; il ne faut pas même s'abstenir de les prévenir en général sur certains défauts, quoiqu'on puisse craindre de leur ouvrir par là les yeux sur les foiblesses des gens qu'ils doivent respecter : car, outre qu'on ne doit pas espérer et qu'il n'est point juste de les entretenir dans l'ignorance des véritables règles là-dessus, d'ailleurs le plus sûr moyen de les tenir dans leur devoir est de leur persuader qu'il faut supporter les défauts d'autrui, qu'on ne doit pas même en juger légèrement; qu'ils paroissent souvent plus grands qu'ils ne sont ; qu'ils sont réparés par des qualités avantageuses, et que, rien n'étant parfait sur la terre, on doit admirer ce qui a le moins d'imperfection; enfin, quoiqu'il faille réserver de telles instructions pour l'extrémité, il faut pourtant leur donner les vrais principes et les préserver d'imiter tout le mal qu'ils ont devant les yeux.

Il faut aussi les empêcher de contrefaire les gens ridicules, car ces manières moqueuses et co-médiennes ont quelque chose de bas et de contraire aux sentimens honnêtes; il est à craindre que les enfans ne les prennent, parce que la chaleur de leur imagination et la souplesse de leur corps, jointe à leur enjouement, leur font aisément prendre toutes sortes de formes pour représenter ce qu'ils voient de ridicule.

Cette pente à imiter, qui est dans les enfans, produit des maux infinis quand on les livre à des gens sans vertu, qui ne se contraignent guère devant eux. Mais Dieu a mis, par cette pente, dans les enfans de quoi se plier facilement à tout ce qu'on leur montre pour le bien. Souvent, sans leur parler, on n'auroit qu'à leur faire voir en autrui ce qu'on voudroit qu'ils fissent.

CHAPITRE V

Instructions indirectes : il ne faut pas presser les enfans.

Je crois même qu'il faudroit souvent se servir de ces instructions indirectes, qui ne sont point ennuyeuses comme les leçons et les remontrances, seulement pour réveiller leur attention sur les exemples qu'on leur donneroit.

Une personne pourroit demander quelquefois devant eux à une autre : « Pourquoi faites-vous cela? » et l'autre répondroit : « Je le fais par telle raison. » Par exemple : « Pourquoi avez-vous avoué votre faute? — C'est que j'en aurois fait encore une plus grande de la désavouer lâchement par un mensonge, et qu'il n'y a rien de plus beau que de dire franchement : « J'ai tort. » Après cela, la première personne peut louer celle qui s'est ainsi accusée elle-même; mais il faut que tout cela se fasse sans affectation : car les enfans sont bien plus pénétrans qu'on ne croit; et, dès qu'ils ont aperçu quelque finesse dans ceux qui les gouvernent, ils perdent la simplicité et la confiance qui leur sont naturelles.

Nous avons remarqué que le cerveau des enfans est tout ensemble chaud et humide, ce qui leur cause un mouvement continuel. Cette mollesse de cerveau fait que toutes choses s'y impriment facilement, et que les images de tous les objets sensibles y sont très vives. Ainsi, il faut se hâter d'écrire dans leur tête pendant que les caractères s'y forment aisément. Mais il faut bien choisir les images qu'on y doit graver : car on ne doit verser dans un réservoir si petit et si précieux que des choses exquises ! il faut se souvenir qu'on ne doit à cet âge verser dans les esprits que ce qu'on souhaite qui y demeure toute la vie. Les premières images gravées pendant que le cerveau est encore mol, et que rien n'y est écrit, sont les plus profondes. D'ailleurs elles se durcissent à mesure que l'âge dessèche le cerveau ; ainsi, elles deviennent ineffaçables : de là vient que, quand on est vieux, on se souvient distinctement des choses de la jeunesse, quoique éloignées ; au lieu qu'on se souvient moins de celles qu'on a vues dans un âge plus avancé, parce que les traces en ont été faites dans le cerveau lorsqu'il étoit déjà desséché et plein d'autres images.

Quand on entend faire ces raisonnemens, on a peine à les croire. Il est pourtant vrai qu'on raisonne de même sans s'en apercevoir. Ne dit-on pas tous les jours : « J'ai pris mon pli, je suis trop vieux pour changer, j'ai été nourri de cette façon » ? D'ailleurs, ne sent-on pas un plaisir singulier à rappeler les images de la jeunesse? Les plus fortes inclinations ne sont-elles pas celles qu'on a prises à cet âge? Tout cela ne prouve-t-il pas que les premières impressions et les premières habitudes sont les plus fortes? Si l'enfance est propre à graver des images dans le cerveau, il faut avouer qu'elle l'est moins au raisonnement. Cette humidité du cerveau qui rend les impressions faciles, étant jointe à une grande chaleur, fait une agitation qui empêche toute application suivie.

Le cerveau des enfans est comme une bougie allumée dans un lieu exposé au vent. Sa lumière vacille toujours. L'enfant vous fait une question ; et, avant que vous répondiez, ses yeux s'enlèvent vers le plancher, il compte toutes les figures qui y sont peintes, ou tous les morceaux de vitres qui sont aux fenêtres : si vous voulez le ramener à son premier objet, vous le gênez comme si vous le teniez en prison. Ainsi il faut ménager avec grand soin les organes en attendant qu'ils s'affermissent; répondez-lui promptement à sa question, et laissez-lui en faire d'autres à son gré. Entretenez seulement sa curiosité, et faites dans sa mémoire un amas de bons matériaux. Viendra le temps qu'ils s'assembleront d'eux-mêmes et que, le cerveau ayant plus de consistance, l'enfant raisonnera de suite; cependant bornez-vous à le redresser quand il ne raisonnera pas juste, et à lui faire sentir sans empressement, selon les ouvertures qu'il vous donnera, ce que c'est que tirer droit une conséquence.

Laissez donc jouer un enfant, et mêlez l'instruction avec le jeu; que la sagesse ne se montre à lui que par intervalles et avec un visage riant; gardez-vous de le fatiguer par une exactitude indiscrète.

Si l'enfant se fait une idée triste et sombre de la vertu, si la liberté et le dérèglement se présentent à lui sous une figure agréable, tout est perdu, vous travaillez en vain; ne le laissez jamais flatter par de petits esprits ou par des gens sans règle. On s'accoutume à aimer les mœurs et les sentimens des gens qu'on aime; le plaisir qu'on trouve d'abord avec les malhonnêtes gens fait peu à peu estimer ce qu'ils ont même de méprisable.

Pour rendre les gens de bien agréables aux enfans, faites-leur remarquer ce qu'ils ont d'aimable et de commode, leur sincérité, leur modestie, leur désintéressement, leur fidélité, leur discrétion, mais surtout leur piété, qui est la source de tout le reste.

Si quelqu'un d'entre eux a quelque chose de choquant, dites : « La piété ne donne point ces défauts-là ; quand elle est parfaite, elle les ôte, ou du moins elle les adoucit. » Après tout, il ne faut point s'opiniâtrer à faire goûter aux enfans certaines personnes pieuses dont l'extérieur est dégoûtant.

Quoique vous veilliez sur vous-même pour n'y laisser rien voir que de bon, n'attendez pas que l'enfant ne trouve jamais aucun défaut en vous ; souvent il apercevra jusqu'à vos fautes les plus légères.

Saint Augustin nous apprend qu'il avoit remarqué dès son enfance la vanité de ses maîtres sur les études. Ce que vous avez de meilleur et de plus pressé à faire, c'est de connoître vous-même vos défauts, aussi bien que l'enfant les connoîtra, et de vous en faire avertir par des amis sincères. D'ordinaire ceux qui gouvernent les enfans ne leur pardonnent rien, et se pardonnent tout à eux-mêmes. Cela excite dans les enfans un esprit de critique et de malignité : de façon que, quand ils ont vu faire quelque faute à la personne qui les gouverne, ils en sont ravis et ne cherchent qu'à la mépriser.

Évitez cet inconvénient; ne craignez point de parler des défauts qui sont visibles en vous, et des fautes qui vous auront échappé devant l'enfant :

si vous le voyez capable d'entendre raison là-dessus, dites-lui que vous voulez lui donner l'exemple de se corriger de ses défauts en vous corrigeant des vôtres. Par là, vous tirerez de vos imperfections mêmes de quoi instruire et édifier l'enfant, de quoi l'encourager pour sa correction; vous éviterez même le mépris et le dégoût que vos défauts pourroient lui donner pour votre personne.

En même temps il faut chercher tous les moyens de rendre agréables à l'enfant les choses que vous exigez de lui : en avez-vous quelqu'une de fâcheuse à proposer, faites-lui entendre que la peine sera bientôt suivie du plaisir; montrez-lui toujours l'utilité des choses que vous lui enseignez, faites-lui-en voir l'usage par rapport au commerce du monde et aux devoirs des conditions. Sans cela l'étude lui paroît un travail abstrait, stérile et épineux. « A quoi sert, disent-ils en eux-mêmes, d'apprendre toutes ces choses dont on ne parle point dans les conversations, et qui n'ont aucun rapport à tout ce qu'on est obligé de faire ? » Il faut donc leur rendre raison de tout ce qu'on leur enseigne. « C'est, leur direz-vous, pour vous mettre en état de bien faire ce que vous ferez un jour; c'est pour vous former le jugement; c'est pour vous accoutumer à bien raisonner sur toutes les affaires de la vie. » Il faut toujours leur montrer un but solide et agréable qui les soutienne dans le travail, et ne prétendre jamais les assujettir par une autorité sèche et absolue.

A mesure que leur raison augmente, il faut aussi de plus en plus raisonner avec eux sur les besoins de leur éducation, non pour suivre toutes leurs pensées, mais pour en profiter lorsqu'ils feront connoître leur état véritable, pour éprouver leur discernement, et pour leur faire goûter les choses qu'on veut qu'ils fassent.

Ne prenez jamais sans une extrême nécessité un air austère et impérieux, qui fait trembler les enfans ; souvent c'est affectation et pédanterie dans ceux qui gouvernent : car, pour les enfans, ils ne sont d'ordinaire que trop timides et honteux. Vous leur fermeriez le cœur et leur ôteriez la confiance, sans laquelle il n'y a nul fruit à espérer de l'éducation : faites-vous aimer d'eux ; qu'ils soient libres avec vous, et qu'ils ne craignent point de vous laisser voir leurs défauts. Pour y réussir, soyez indulgent à ceux qui ne se déguisent point devant vous. Ne paroissez ni étonné ni irrité de leurs mauvaises inclinations ; au contraire, compatissez à leurs foiblesses : quelquefois il en arrivera cet inconvénient qu'ils seront moins retenus par la crainte ; mais, à tout prendre, la confiance et la sincérité leur sont plus utiles que l'autorité rigoureuse.

D'ailleurs, l'autorité ne laissera pas de trouver

sa place, si la confiance et la persuasion ne sont pas assez fortes; mais il faut toujours commencer par une conduite ouverte, gaie et familière, sans bassesse, qui vous donne moyen de voir agir les enfans dans leur état naturel, et de les connoître à fond. Enfin, quand même vous les réduiriez par l'autorité à observer toutes vos règles, vous n'iriez pas à votre but; tout se tourneroit en formalités gênantes, et peut-être en hypocrisie : vous les dégoûteriez du bien, dont vous devez chercher uniquement à leur inspirer l'amour.

Si le sage a toujours recommandé aux parens de tenir la verge assidûment levée sur les enfans; s'il a dit qu'un père qui se joue avec son fils pleurera dans la suite, ce n'est pas qu'il ait blâmé une éducation douce et patiente. Il condamne seulement ces parens foibles et inconsidérés, qui flattent les passions de leurs enfans, et qui ne cherchent qu'à s'en divertir pendant leur enfance, jusqu'à leur souffrir toutes sortes d'excès.

Ce qu'il en faut conclure est que les parens doivent toujours conserver de l'autorité pour la correction : car il y a des naturels qu'il faut dompter par la crainte; mais, encore une fois, il ne faut le faire que quand on ne sauroit faire autrement.

Un enfant qui n'agit encore que par imagination, et qui confond dans sa tête les choses qui se présentent à lui-liées ensemble, hait l'étude et la vertu, parce qu'il est prévenu d'aversion pour la personne qui lui en parle.

Voilà d'où vient cette idée si sombre et si affreuse de la piété, qu'il retient toute sa vie; c'est souvent tout ce qui lui reste d'une éducation sévère. Souvent il faut tolérer des choses qui auroient besoin d'être corrigées, et attendre le moment où l'esprit de l'enfant sera disposé à profiter de la correction. Ne le reprenez jamais, ni dans son premier mouvement, ni dans le vôtre. Si vous le faites dans le vôtre, il s'aperçoit que vous agissez par humeur et par promptitude, et non par raison et par amitié : vous perdez sans ressource votre autorité. Si vous le reprenez dans son premier mouvement, il n'a pas l'esprit assez libre pour avouer sa faute, pour vaincre sa passion, et pour sentir l'importance de vos avis : c'est même exposer l'enfant à perdre le respect qu'il vous doit. Montrez-lui toujours que vous vous possédez : rien ne le lui fera mieux voir que votre patience. Observez tous les momens pendant plusieurs jours, s'il le faut, pour bien placer une correction. Ne dites point à l'enfant son défaut, sans ajouter quelque moyen de le surmonter qui l'encourage à le faire : car il faut éviter le chagrin et le découragement que la correction inspire quand elle est sèche. Si on trouve un enfant un peu raisonnable, je crois qu'il faut l'engager insensiblement à demander qu'on lui dise ses défauts. C'est le moyen de les lui dire sans l'affliger; ne lui en dites même jamais plusieurs à la fois.

Il faut considérer que les enfans ont la tête foible, que leur âge ne les rend encore sensibles qu'au plaisir, et qu'on leur demande souvent une exactitude et un sérieux dont ceux qui l'exigent seroient incapables. On fait même une dangereuse impression d'ennui et de tristesse sur leur tempérament en leur parlant toujours des mots et des choses qu'ils n'entendent point; nulle liberté, nul enjouement; toujours leçon, silence, posture gênée, correction et menaces.

Les anciens l'entendoient bien mieux : c'est par le plaisir des vers et de la musique que les principales sciences, les maximes des vertus et la politesse des mœurs s'introduisirent chez les Hébreux, chez les Égyptiens et chez les Grecs. Les gens sans lecture ont peine à le croire, tant cela est éloigné de nos coutumes. Cependant, si peu qu'on connoisse l'histoire, il n'y a pas moyen de douter que ce n'ait été la pratique vulgaire de plusieurs siècles. Du moins retranchons-nous, dans le nôtre, à joindre l'agréable à l'utile autant que nous le pouvons.

Mais, quoiqu'on ne puisse guère espérer de se passer toujours d'employer la crainte pour le commun des enfans, dont le naturel est dur et indocile, il ne faut pourtant y avoir recours qu'après avoir éprouvé patiemment tous les autres remèdes. Il faut même toujours faire entendre distinctement aux enfans à quoi se réduit tout ce qu'on leur demande, et moyennant quoi on sera content d'eux : car il faut que la joie et la confiance soient leur disposition ordinaire ; autrement on obscurcit leur esprit, on abat leur courage : s'ils sont vifs, on les irrite ; s'ils sont mous, on les rend stupides. La crainte est comme les remèdes violens qu'on emploie dans les maladies extrêmes : ils purgent, mais ils altèrent les tempéramens et usent les organes ; une âme menée par la crainte en est toujours plus foible.

Au reste, quoiqu'il ne faille pas toujours menacer sans châtier, de peur de rendre les menaces méprisables, il faut pourtant châtier encore moins qu'on ne menace : pour les châtimens, la peine doit être aussi légère qu'il est possible, mais accompagnée de toutes les circonstances qui peuvent piquer l'enfant de honte et de remords : par exemple, montrez-lui tout ce que vous avez fait pour éviter cette extrémité ; paroissez-lui-en affligé ; parlez devant lui avec d'autres personnes du malheur de ceux qui manquent de raison et d'honneur jusqu'à se faire châtier ; retranchez les marques d'amitié ordinaires, jusqu'à ce que vous voyez qu'il ait besoin de consolation ; rendez ce châtiment public ou secret, selon que vous jugerez qu'il sera plus utile à l'enfant ou de lui causer une grande honte, ou de lui montrer qu'on la lui épargne ; réservez cette honte publique pour servir de dernier remède ; servez-vous quelquefois d'une personne raisonnable qui console l'enfant, qui lui dise ce que vous ne devez pas alors lui dire vous-même, qui le guérisse de la mauvaise honte, qui le dispose à revenir à vous, et à laquelle l'enfant, dans son émotion, puisse ouvrir son cœur plus librement qu'il n'oseroit le faire devant vous. Mais surtout qu'il ne paroisse jamais que vous demandiez de l'enfant que les soumissions nécessaires ; tâchez de faire en sorte qu'il s'y condamne lui-même, qu'il s'exécute de bonne grâce et qu'il ne vous reste qu'à adoucir la peine qu'il aura acceptée ; chacun doit employer les règles générales selon les besoins particuliers. Les hommes, et surtout les enfans, ne se ressemblent pas toujours à eux-mêmes ; ce qui est bon aujourd'hui est dangereux demain ; une conduite toujours uniforme ne peut être utile.

Le moins qu'on peut faire de leçons en forme, c'est le meilleur ; on peut insinuer une infinité d'instructions plus utiles que les leçons mêmes, dans des conversations gaies. J'ai vu divers enfans qui ont appris à lire en se jouant : on n'a qu'à leur raconter des choses divertissantes, qu'on tire d'un livre en leur présence, et leur faire connoître insensiblement les lettres. Après cela, ils souhaitent d'eux-mêmes de pouvoir aller à la source de ce qui leur a donné du plaisir.

Les deux choses qui gâtent tout, c'est qu'on leur fait apprendre à lire d'abord en latin, ce qui leur ôte tout le plaisir de la lecture, et qu'on veut les accoutumer à lire avec une emphase forcée et ridicule. Il faut leur donner un livre bien relié, doré même sur la tranche, avec de belles images et des caractères bien formés. Tout ce qui réjouit l'imagination facilite l'étude : il faut tâcher de choisir un livre plein d'histoires courtes et merveilleuses ; cela fait, ne soyez pas en peine que l'enfant n'apprenne à lire ; ne le fatiguez pas même pour le faire lire exactement : laissez-le prononcer naturellement comme il parle ; les autres tons sont toujours mauvais et sentent la déclamation du collège : quand sa langue sera dénouée, sa poitrine plus forte et l'habitude de lire plus grande, il lira sans peine, avec plus de grâce et plus distinctement.

La manière d'enseigner à écrire doit être à peu près de même ; quand les enfans savent déjà un peu lire, on leur peut faire un divertissement de former des lettres, et, s'ils sont plusieurs ensemble, il faut y mettre de l'émulation. Les enfans se portent d'eux-mêmes à faire des figures sur le papier; si peu qu'on aide cette inclination sans la gêner trop, ils formeront les lettres en se jouant, et s'accoutumeront peu à peu à écrire. On peut même les y exciter en leur promettant quelque récompense qui soit de leur goût, et qui n'ait point de conséquence dangereuse.

« Écrivez-moi un billet, dira-t-on ; mandez telle chose à votre frère ou à votre cousin » : tout cela fait plaisir à l'enfant, pourvu qu'aucune image triste de leçon réglée ne le trouble. Une libre curiosité, dit saint Augustin, sur sa propre expérience, excite bien plus l'esprit des enfans qu'une règle et une nécessité imposée par la crainte.

Remarquez un grand défaut des éducations ordinaires : on met tout le plaisir d'un côté, et tout l'ennui de l'autre ; tout l'ennui dans l'étude, tout le plaisir dans les divertissemens. Que peut faire un enfant, sinon supporter impatiemment cette règle et courir ardemment après les jeux.

Tâchons donc de changer cet ordre : rendons l'étude agréable; cachons-la sous l'apparence de la liberté et du plaisir; souffrons que les enfans interrompent quelquefois l'étude par de petites saillies de divertissement; ils ont besoin de ces distractions pour délasser leur esprit.

Laissons leur vue se promener un peu ; permettons-leur même, de temps en temps, quelque digression ou quelque jeu, afin que leur esprit se mette au large, puis ramenons-les doucement au but. Une régularité trop exacte pour exiger d'eux des études sans interruption leur nuit beaucoup; souvent ceux qui les gouvernent affectent cette régularité, parce qu'elle leur est plus commode qu'une sujétion continuelle à profiter de tous les momens. En même temps, ôtons aux divertissemens des enfans tout ce qui peut les passionner trop; mais tout ce qui peut délasser l'esprit, lui offrir une variété agréable, satisfaire sa curiosité pour les choses utiles, exercer le corps aux arts convenables, tout cela doit être employé dans les divertissemens des enfans; ceux qu'ils aiment le mieux sont ceux où le corps est en mouvement; ils sont contens, pourvu qu'ils changent souvent de place; un volant ou une boule suffit. Ainsi, il ne faut pas être en peine de leurs plaisirs; ils en inventent assez eux-mêmes; il suffit de les laisser faire, de les observer avec un visage gai, et de les modérer dès qu'ils s'échauffent trop. Il est bon seulement de leur faire sentir, autant qu'il est possible, les plaisirs que l'esprit peut donner, comme la conversation, les nouvelles, les histoires, et plusieurs jeux d'industrie qui renferment quelque instruction. Tout cela aura son usage en son temps, mais il ne faut pas forcer le goût des enfans là-dessus; on ne doit que leur offrir des ouvertures : un jour leur corps sera moins disposé à se remuer, et leur esprit agira davantage.

Le soin qu'on prendra cependant à assaisonner de plaisirs les occupations sérieuses servira beaucoup à ralentir l'ardeur de la jeunesse pour les divertissemens dangereux. C'est la sujétion et l'ennui qui donnent tant d'impatience de se divertir. Si une fille s'ennuyoit moins à être auprès de sa mère, elle n'auroit pas tant d'envie de lui échapper pour aller chercher des compagnies moins bonnes.

Dans le choix des divertissemens, il faut éviter toutes les sociétés suspectes. Point de garçons avec les filles, ni même des filles dont l'esprit ne soit réglé et sûr. Les jeux qui dissipent et qui passionnent trop, ou qui accoutument à une agitation de corps immodeste pour une fille, les fréquentes sorties de la maison, et les conversations qui peuvent donner l'envie d'en sortir souvent, doivent être évitées. Quand on ne s'est encore gâté par aucun grand divertissement et qu'on n'a fait naître en soi aucune passion ardente, on trouve aisément la joie : la santé et l'innocence en sont les vraies sources; mais les gens qui ont eu le malheur de s'accoutumer aux plaisirs violens perdent le goût des plaisirs modérés, et s'ennuient toujours dans une recherche inquiète de la joie.

On se gâte le goût pour les divertissemens comme pour les viandes; on s'accoutume tellement aux choses de haut goût que les viandes communes et simplement assaisonnées deviennent fades et insipides. Craignons donc ces grands ébranlemens de l'âme, qui préparent l'ennui et le dégoût ; surtout ils sont plus à craindre pour les enfans, qui résistent moins à ce qu'ils sentent, et qui veulent être toujours émus ; tenons-les dans le goût des choses simples ; qu'il ne faille point de grands apprêts de viandes pour les nourrir, ni de divertissemens pour les réjouir. La sobriété donne toujours assez d'appétit, sans avoir besoin de le réveiller par des ragoûts qui portent à l'intempérance. La tempérance, disoit un ancien, est la meilleure ouvrière de la volupté : avec cette tempérance, qui fait la santé du corps et de l'âme, on est toujours dans une joie douce et modérée ; on n'a besoin ni de machines, ni de spectacles, ni de dépenses, pour se réjouir : un petit jeu qu'on invente, une lecture, un travail qu'on entreprend, une promenade, une conversation innocente qui délasse après le travail, font sentir une joie plus pure que la musique la plus charmante.

Les plaisirs simples sont moins vifs et moins sensibles, il est vrai. Les autres enlèvent l'âme en remuant les ressorts des passions. Mais les plaisirs simples sont d'un meilleur usage ; ils donnent une joie égale et durable sans aucune suite maligne. Ils sont toujours bienfaisans, au lieu que les autres plaisirs sont comme les vins frelatés qui plaisent d'abord plus que les naturels, mais qui altèrent et qui nuisent à la santé; le tempérament de l'âme se gâte, aussi bien que le goût, par la recherche de ces plaisirs vifs et piquans. Tout ce qu'on peut faire pour les enfans qu'on gouverne, c'est de les accoutumer à cette vie simple, d'en fortifier en eux l'habitude le plus longtemps qu'on peut, de les prévenir de la crainte des inconvéniens attachés aux autres plaisirs, et de ne les point abandonner à eux-mêmes, comme on fait d'ordinaire dans l'âge où les passions commencent à se faire sentir, et où par conséquent ils ont plus besoin d'être retenus.

Il faut avouer que, de toutes les peines de l'éducation, aucune n'est comparable à celle d'élever des enfans qui manquent de sensibilité. Les naturels vifs et sensibles sont capables de terribles égaremens; les passions et la présomption les entraînent; mais aussi ils ont de grandes ressources, et reviennent souvent de loin; l'instruction est en eux un germe caché qui pousse et qui fructifie quelquefois, quand l'expérience vient au secours de la raison, et que les passions s'attiédissent; au moins on sait par où on peut les rendre attentifs, et réveiller leur curiosité. On a en eux de quoi les intéresser à ce qu'on leur enseigne, et les piquer d'honneur; au lieu qu'on n'a aucune prise sur les naturels indolens. Toutes les pensées de ceux-ci sont des distractions ; ils ne sont jamais où ils doivent être ; on ne peut même les toucher jusqu'au vif par les corrections ; ils écoutent tout, et ne sentent rien. Cette indolence rend l'enfant négligent et dégoûté de tout ce qu'il fait ; c'est alors que la meilleure éducation court risque d'échouer, si on ne se hâte d'aller au-devant du mal dès la première enfance. Beaucoup de gens qui n'approfondissent guère concluent de ce mauvais succès que c'est la nature qui fait tout pour former des hommes de mérite, et que l'éducation n'y peut rien ; au lieu qu'il faudroit seulement conclure qu'il y a des naturels semblables aux terres ingrates, sur qui la culture fait peu. C'est encore bien pis quand ces éducations si difficiles sont traversées ou négligées, ou mal réglées dans leur commencement.

Il faut encore observer qu'il y a des naturels d'enfans auxquels on se trompe beaucoup. Ils paroissent d'abord jolis, parce que les premières grâces de l'enfance ont un lustre qui couvre tout. On y voit je ne sais quoi de tendre et d'aimable qui empêche d'examiner de près le détail des traits du visage. Tout ce qu'on trouve d'esprit en eux surprend, parce qu'on n'en attend point de cet âge. Toutes les fautes de jugement leur sont permises, et ont la grâce de l'ingénuité : on prend une certaine vivacité du corps, qui ne manque jamais de paroître dans les enfans, pour celle de l'esprit. De là vient que l'enfance semble promettre tant, et qu'elle donne si peu. Tel a été célèbre par son esprit à l'âge de cinq ans qui est tombé dans l'obscurité et dans le mépris, à mesure qu'on l'a vu croître. De toutes les qualités qu'on voit dans les enfans, il n'y en a qu'une sur laquelle on puisse compter, c'est le bon raisonnement; il croît toujours avec eux, pourvu qu'il soit bien cultivé : les grâces de l'enfance s'effacent; la vivacité s'éteint; la tendresse de cœur se perd même souvent, parce que les passions et le commerce des hommes politiques endurcissent insensiblement les jeunes gens qui entrent dans le monde. Tâchez donc de découvrir au travers des grâces de l'enfance si le naturel que vous avez à gouverner manque de curiosité, et s'il est peu sensible à une honnête émulation. En ce cas, il est difficile que toutes les personnes chargées de son éducation ne se rebutent bientôt dans un travail si ingrat et si épineux. Il faut donc remuer promptement tous les ressorts de l'âme de l'enfant, pour le tirer de cet assoupissement. Si vous prévoyez cet inconvénient, ne pressez pas d'abord les instructions suivies; gardez-vous bien de charger sa mémoire : car c'est ce qui étonne et qui appesantit le cerveau; ne le fatiguez point par des règles gênantes; égayez-le, puisqu'il tombe dans l'extrémité contraire à la présomption; ne craignez point de lui montrer avec discrétion de quoi il est capable; contentez-vous de peu; faites-lui remarquer ses moindres succès; représentez-lui combien mal à propos il a craint de ne pouvoir réussir dans des choses qu'il fait bien; mettez en œuvre l'émulation. La jalousie est plus violente dans les enfans qu'on ne sauroit se l'imaginer; on en voit quelquefois qui sèchent et qui dépérissent d'une langueur secrète, parce que d'autres sont plus aimés et plus caressés qu'eux. C'est une cruauté trop ordinaire aux mères que de leur faire souffrir ce tourment; mais il faut savoir employer ce remède dans les besoins pressans contre l'indolence; mettez devant l'enfant que vous élevez d'autres enfans qui ne fassent guère mieux que lui. Des exemples disproportionnés à sa foiblesse achèveroient de le décourager.

Donnez-lui de temps en temps de petites victoires sur ceux dont il est jaloux : engagez-le, si vous le pouvez, à rire librement avec vous de sa timidité; faites-lui voir des gens timides comme lui, qui surmontent enfin leur tempérament; apprenez-lui par des instructions indirectes à l'occasion d'autrui que la timidité et la paresse étouffent l'esprit; que les gens mols et inappliqués, quelque génie qu'ils aient, se rendent imbéciles et se dégradent eux-mêmes; mais gardez-vous bien de lui donner ces instructions d'un ton austère et impatient : car rien ne renfonce tant au dedans de lui-même un enfant mol et timide que la rudesse ; au contraire, redoublez vos soins pour assaisonner de facilités et de plaisirs proportionnés à son naturel le travail que vous ne pouvez lui épargner ; peut-être faudra-t-il même de temps en temps le piquer par le mépris et par les reproches. Vous ne devez pas le faire vous-même ; il faut qu'une personne inférieure, comme un autre enfant, le fasse, sans que vous paroissiez le savoir.

Saint Augustin raconte qu'un reproche fait à sainte Monique, sa mère, dans son enfance, par une servante, la toucha jusqu'à la corriger d'une mauvaise habitude de boire du vin pur, dont la véhémence et la sévérité de sa gouvernante n'avoit pu la préserver. Enfin, il faut tâcher de donner du goût à l'esprit de ces sortes d'enfans, comme on tâche d'en donner aux corps de certains malades. On leur laisse chercher ce qui peut guérir leur dégoût ; on leur souffre quelques fantaisies aux dépens même des règles, pourvu qu'elles n'aillent pas à des excès dangereux. Il est bien plus difficile de donner du goût à ceux qui n'en ont pas que de former le goût de ceux qui ne l'ont pas encore tel qu'il doit être.

Il y a une autre espèce de sensibilité encore plus difficile et plus importante à donner, c'est celle de l'amitié. Dès qu'un enfant en est capable, il n'est plus question que de tourner son cœur vers des personnes qui lui soient utiles. L'amitié le mènera presque à toutes les choses qu'on voudra de lui : on a un lien assuré pour l'attirer au bien, pourvu qu'on s'en sache servir; il ne reste plus à craindre que l'excès ou le mauvais choix dans ses affections; mais il y a d'autres enfans qui naissent politiques, cachés, indifférens, pour rapporter secrètement tout à eux-mêmes : ils trompent leurs parens, que la tendresse rend crédules; ils font semblant de les aimer; ils étudient leurs inclinations pour s'y conformer; ils paroissent plus dociles que les autres enfans du même âge, qui agissent sans déguisement selon leur humeur; leur souplesse, qui cache une volonté âpre, paroît une véritable douceur, et leur naturel dissimulé ne se déploie tout entier que quand il n'est plus temps de le redresser.

S'il y a quelque naturel d'enfant sur lequel l'éducation ne puisse rien, on peut dire que c'est celui-là; et cependant il faut avouer que le nombre en est plus grand qu'on ne s'imagine; les parens ne peuvent se résoudre à croire que leurs enfans aient le cœur mal fait; quand ils ne veulent pas le voir d'eux-mêmes, personne n'ose entreprendre de les en convaincre, et le mal augmente toujours : le principal remède seroit de mettre les enfans, dès le premier âge, dans une grande liberté de découvrir leurs inclinations. Il faut toujours les connoître à fond avant que de les corriger. Ils sont naturellement simples et ouverts ; mais, si peu qu'on les gêne, ou qu'on leur donne quelque exemple de déguisement, ils ne reviennent plus à cette première simplicité. Il est vrai que Dieu seul donne la tendresse et la bonté de cœur : on peut seulement tâcher de l'exciter par des exemples généraux, par des maximes d'honneur et de désintéressement, par le mépris des gens qui s'aiment trop eux-mêmes. Il faut essayer de faire goûter de bonne heure aux enfans, avant qu'ils aient perdu cette première simplicité des mouvemens les plus naturels, le plaisir d'une amitié cordiale et réciproque. Rien n'y servira tant que de mettre d'abord auprès d'eux des gens qui ne leur montrent jamais rien de dur, de faux, de bas et d'intéressé. Il vaudroit mieux souffrir auprès d'eux des gens qui auroient d'autres défauts, et qui fussent exempts de ceux-là. Il faut encore louer les enfans de tout ce que l'amitié leur fait faire, pourvu qu'elle ne soit point trop déplacée ou trop ardente. Il faut encore que les parens leur paroissent pleins d'une amitié sincère pour eux : car les enfans apprennent souvent de leurs parens mêmes à n'aimer rien. Enfin, je voudrois retrancher devant eux à l'égard des amis tous les complimens superflus, toutes les démonstrations feintes d'amitié et toutes les fausses caresses par lesquelles on leur enseigne à payer de vaines apparences les personnes qu'ils doivent aimer.

Il y a un défaut opposé à celui que nous venons de représenter, qui est bien plus ordinaire dans les filles; c'est celui de se passionner sur les choses même les plus indifférentes. Elles ne sauroient voir deux personnes qui sont mal ensemble sans prendre parti dans leur cœur pour l'une contre l'autre; elles sont toutes pleines d'affections ou d'aversions sans fondement; elles n'aperçoivent aucun défaut dans ce qu'elles estiment, ni aucune bonne qualité dans ce qu'elles méprisent. Il ne faut pas d'abord s'y opposer : car la contradiction fortifieroit ces fantaisies; mais il faut peu à peu faire remarquer à une jeune personne qu'on connoît mieux qu'elle tout ce qu'il y a de bon dans ce qu'elle aime, et tout ce qu'il y a de mauvais dans ce qui la choque : prenez soin, en même temps, de lui faire sentir dans les occasions l'incommodité des défauts qui se trouvent dans ce qui la charme, et la commodité des qualités avantageuses qui se rencontrent dans ce qui lui déplaît; ne la pressez pas; vous verrez qu'elle reviendra d'elle-même. Après cela, faites-lui remarquer ses entêtemens passés, avec leurs circonstances les plus déraisonnables. Dites-lui doucement qu'elle verra de même ceux dont elle n'est pas encore guérie, quand ils seront finis. Racontez-lui les erreurs semblables où vous avez été à son âge. Surtout montrez-lui, le plus sensiblement que vous pourrez, le grand mélange de bien et de mal qu'on trouve dans tout ce qu'on peut aimer et haïr, pour ralentir l'ardeur de ses amitiés et de ses aversions.

Ne promettez jamais aux enfans pour récompenses des ajustemens ou des friandises; c'est faire deux maux : le premier, de leur inspirer l'estime de ce qu'ils doivent mépriser; et le second, de vous ôter le moyen d'établir d'autres récompenses qui faciliteroient votre travail; gardez-vous bien de les menacer de les faire étudier, ou de les assujettir à quelque règle. Il faut faire le moins de règles qu'on peut, et, lorsqu'on ne peut éviter d'en faire quelqu'une, il la faut faire passer doucement, sans lui donner ce nom, en montrant toujours quelque raison de commodité pour faire une chose dans un temps et dans un lieu plutôt que dans un autre. On courroit risque de décourager les enfans, si on ne les louoit jamais lorsqu'ils font bien. Quoique les louanges soient à craindre à cause de la vanité, il faut tâcher de s'en servir pour animer les enfans sans les enivrer.

Nous voyons que saint Paul les emploie souvent pour encourager les foibles et pour faire passer plus doucement la correction. Les pères en ont fait le même usage. Il est vrai que, pour les rendre utiles, il faut les assaisonner de manière qu'on en ôte l'exagération, la flatterie, et qu'en même temps on rapporte tout le bien à Dieu comme à sa source. On peut aussi récompenser les enfans par des jeux innocens et mêlés de quelque industrie, par des promenades où la conversation ne soit pas sans fruit, par de petits présens qui seront des espèces de prix, comme des tableaux, ou des estampes, ou des médailles, ou des cartes de géographie, ou des livres dorés.

CHAPITRE VI

De l'usage des histoires pour les enfans.

Les enfans aiment avec passion les contes ridicules ; on les voit tous les jours transportés de joie, ou versant des larmes, au récit des aventures qu'on leur raconte : ne manquez pas de profiter de ce penchant ; quand vous les voyez disposés à vous entendre, racontez-leur quelque fable courte et jolie ; mais choisissez quelques fables d'animaux, qui soient ingénieuses et innocentes. Donnez-les pour ce qu'elles sont ; montrez-en le but sérieux. Pour les fables païennes, une fille sera heureuse de les ignorer toute sa vie, à cause qu'elles sont impures et pleines d'absurdités impies. Si vous ne pouvez les faire ignorer toutes à l'enfant, inspirez-en l'horreur. Quand vous aurez raconté une fable, attendez que l'enfant vous demande d'en dire d'autres ; ainsi, laissez-le toujours dans une espèce de faim d'en apprendre davantage ; ensuite, la curiosité étant excitée, racontez certaines histoires choisies, mais en peu de mots ; liez-les ensemble, et remettez d'un jour à l'autre à dire la suite, pour tenir les enfans en suspens et leur donner de l'impatience de voir la fin ; animez vos récits de tons vifs et familiers ; faites parler tous vos personnages ; les enfans qui ont l'imagination vive croiront les voir et les entendre : par exemple, racontez l'histoire de Joseph ; faites parler ses frères comme des brutaux, Jacob comme un père tendre et affligé ; que Joseph parle lui-même ; qu'il prenne plaisir, étant maître en Égypte, à se cacher à ses frères, à leur faire peur, et puis à se découvrir : cette représentation naïve, jointe au merveilleux de cette histoire, charmera un enfant, pourvu qu'on ne le charge pas trop de semblables récits, qu'on les lui promette même pour récompense, quand il sera sage ; qu'on ne leur donne point l'air d'étude ; qu'on n'oblige point l'enfant de les répéter : ces répétitions, à moins qu'ils ne s'y portent d'eux-mêmes, gênent les enfants, et leur ôtent tout l'agrément de ces sortes d'histoires.

Il faut néanmoins observer que, si l'enfant a quelque facilité de parler, il se portera de lui-même à raconter aux personnes qu'il aime les histoires qui lui auront donné plus de plaisir ; mais ne lui en faites point une règle. Vous pouvez vous servir de quelque personne qui sera libre avec l'enfant, et qui paroîtra désirer apprendre de lui son histoire. L'enfant sera ravi de la lui raconter ;

ne faites pas semblant de l'entendre, laissez-le dire sans le reprendre de ses fautes. Lorsqu'il sera plus accoutumé à raconter, vous pourrez lui faire remarquer doucement la meilleure manière de faire une narration, qui est de la rendre courte, simple et naïve, par le choix des circonstances qui représentent mieux le naturel de chaque chose. Si vous avez plusieurs enfans, accoutumez-les peu à peu à représenter les personnages des histoires qu'ils ont apprises : l'un sera Abraham, et l'autre Isaac ; ces représentations les charmeront plus que d'autres jeux, les accoutumeront à penser et à dire des choses sérieuses avec plaisir, et rendront ces histoires ineffaçables dans leur mémoire.

Il faut tâcher de leur donner plus de goût pour les histoires saintes que pour les autres, non en leur disant qu'elles sont plus belles, ce qu'ils ne croiroient peut-être pas, mais en le leur faisant sentir sans le dire. Faites-leur remarquer combien elles sont importantes, singulières, merveilleuses, pleines de peintures naturelles et d'une noble vivacité. Celles de la création, de la chute d'Adam, du déluge, de la vocation d'Abraham, du sacrifice d'Isaac, des aventures de Joseph que nous avons touchées, de la naissance et de la fuite de Moïse, ne sont pas seulement propres à réveiller la curiosité des enfans ; mais, en leur découvrant l'origine de la religion, elles en posent les fondemens dans leur esprit. Il faut ignorer profondément l'essentiel de la religion pour ne pas voir qu'elle est toute historique ; c'est par un tissu de faits merveilleux que nous trouvons son établissement, sa perpétuité et tout ce qui doit nous la faire pratiquer et croire. Il ne faut pas s'imaginer qu'on veuille engager les gens à s'enfoncer dans la science, quand on leur propose toutes ces histoires; elles sont courtes, variées, propres à plaire aux gens les plus grossiers. Dieu, qui connoît mieux que personne l'esprit de l'homme qu'il a formé, a mis la religion dans des faits populaires, qui, bien loin de surcharger les simples, leur aident à concevoir et à retenir les mystères. Par exemple, dites à un enfant qu'en Dieu trois personnes égales ne sont qu'une seule nature : à force d'entendre et de répéter ces termes, il les retiendra dans sa mémoire ; mais je doute qu'il en conçoive le sens. Racontez-lui que, Jésus-Christ sortant des eaux du Jourdain, le Père fit entendre cette voix du ciel : « C'est mon fils bien-aimé, en qui j'ai mis ma complaisance ; écoutez-le. » Ajoutez que le Saint-Esprit descendit sur le Sauveur en forme de colombe, vous lui faites sensiblement trouver la Trinité dans une histoire qu'il n'oubliera point. Voilà trois personnes qu'il distinguera toujours, par la différence de leurs actions : vous n'aurez plus qu'à lui apprendre que toutes ensemble elles ne font qu'un seul Dieu. Cet exemple suffit pour montrer l'utilité des histoires ; quoiqu'elles semblent allonger l'instruction, elles l'abrègent beaucoup, et lui ôtent la sécheresse des catéchismes, où les mystères sont détachés des faits ; aussi voyons-nous qu'anciennement on instruisoit par les histoires. La manière admirable dont saint Augustin veut qu'on instruise tous les ignorans n'étoit point une méthode que ce Père eût seul introduite ; c'étoit la méthode et la pratique universelle de l'Église. Elle consistoit à montrer, par la suite de l'histoire, la religion aussi ancienne que le monde, Jésus-Christ attendu dans l'Ancien Testament, et Jésus-Christ régnant dans le Nouveau ; c'est le fond de l'instruction chrétienne.

Cela demande un peu plus de temps et de soin que l'instruction à laquelle beaucoup de gens se bornent ; mais aussi on sait véritablement la religion, quand on sait ce détail : au lieu que, quand on l'ignore, on n'a que des idées confuses sur Jésus-Christ, sur l'Évangile, sur l'Église, sur la nécessité de se soumettre absolument à ses décisions, et sur le fond des vertus que le nom chrétien nous doit inspirer. Le catéchisme historique, imprimé depuis peu de temps, qui est un livre simple, court et bien plus clair que les catéchismes ordinaires, renferme tout ce qu'il faut savoir là-dessus : ainsi, on ne peut pas dire qu'on demande beaucoup d'étude. Ce dessein est même celui du concile de Trente, avec cette circonstance que le catéchisme du concile est un peu trop mêlé de termes théologiques pour les personnes simples.

Joignons donc aux histoires que j'ai remarquées le passage de la mer Rouge, et le séjour du peuple au désert, où il mangeoit un pain qui tomboit du ciel, et buvoit une eau que Moïse faisoit couler d'un rocher en le frappant avec sa verge. Représentez la conquête miraculeuse de la terre promise, où les eaux du Jourdain remontent vers leur source et les murailles d'une ville tombent d'elles-mêmes à la vue des assiégeans. Peignez au naturel les combats de Saül et de David; montrez celui-ci dès sa jeunesse, sans armes et avec son habit de berger, vainqueur du fier géant Goliath. N'oubliez pas la gloire et la sagesse de Salomon; faites-le décider entre les deux femmes qui se disputent un enfant; mais montrez-le tombant du haut de cette sagesse, et se déshonorant par la mollesse, suite presque inévitable d'une trop grande prospérité.

Faites parler les prophètes aux rois de la part de Dieu; qu'ils lisent dans l'avenir comme dans un livre; qu'ils paroissent humbles, austères et souffrans de continuelles persécutions pour avoir dit la vérité. Mettez en sa place la première ruine de Jérusalem: faites voir le temple brûlé, et la ville sainte ruinée pour les péchés du peuple. Racontez la captivité de Babylone, où les Juifs pleuroient leur chère Sion. Avant leur retour, montrez en passant les aventures délicieuses de Tobie et de Judith, d'Esther et de Daniel. Il ne seroit pas même inutile de faire déclarer les enfans sur les différens caractères de ces saints, pour savoir ceux qu'ils goûtent le plus. L'un préféreroit Esther, l'autre Judith; et cela exciteroit entre eux une petite contention qui imprimeroit plus fortement dans leurs esprits ces histoires, et formeroit leur jugement. Puis ramenez le peuple à Jérusalem, et faites-lui réparer ses ruines, faites une peinture riante de sa paix et de son bonheur; bientôt après, faites un portrait du cruel et impie Antiochus, qui meurt dans une fausse pénitence. Montrez sous ce persécuteur les victoires des Machabées et le martyre des sept frères du même nom. Venez à la naissance miraculeuse de saint Jean. Racontez plus en détail celle de Jésus-Christ; après quoi il faut choisir dans l'Évangile tous les endroits les plus éclatans de sa vie : sa prédication dans le temple à l'âge de douze ans, son baptême, sa retraite au désert et sa tentation; la vocation de ses Apôtres; la multiplication des pains; la conversion de la pécheresse qui oignit les pieds du Sauveur d'un parfum, les lava de ses larmes, et les essuya avec ses cheveux. Représentez encore la Samaritaine instruite, l'aveugle-né guéri, Lazare ressuscité, Jésus-Christ qui entre triomphant à Jérusalem. Faites voir sa passion ; peignez-le sortant du tombeau. Ensuite, il faut marquer la familiarité avec laquelle il fut quarante jours avec ses disciples, jusqu'à ce qu'ils le virent montant au ciel ; la descente du Saint-Esprit, la lapidation de saint Étienne, la conversion de saint Paul, la vocation du centenier Corneille ; les voyages des Apôtres, et particulièrement de saint Paul, sont encore très agréables. Choisissez les plus merveilleuses des histoires des martyrs, et quelque chose en gros de la vie céleste des premiers chrétiens ; mêlez-y le courage des jeunes vierges, les plus étonnantes austérités des solitaires, la conversion des empereurs et de l'empire, l'aveuglement des Juifs, et leur punition terrible, qui dure encore.

Toutes ces histoires, ménagées discrètement, feroient entrer avec plaisir dans l'imagination des enfans vive et tendre toute une suite de religion, depuis la création du monde jusqu'à nous, qui leur en donneroit de très nobles idées, et qui ne s'effaceroit jamais. Ils verroient même dans cette histoire la main de Dieu toujours levée pour délivrer les justes et pour confondre les impies. Ils s'accoutumeroient à voir Dieu faisant tout en toutes choses, et menant secrètement à ses desseins les créatures qui paroissent le plus s'en éloigner. Mais il faudroit recueillir dans ces histoires tout ce qui donne les images les plus riantes et les plus magnifiques, parce qu'il faut employer tout pour faire en sorte que les enfans trouvent la religion belle, aimable et auguste, au lieu qu'ils se la représentent d'ordinaire comme quelque chose de triste et de languissant.

Outre l'avantage inestimable d'enseigner ainsi la religion aux enfans, ce fond d'histoires agréables qu'on jette de bonne heure dans leur mémoire éveille leur curiosité pour les choses sérieuses, les rend sensibles aux plaisirs de l'esprit, fait qu'ils s'intéressent à ce qu'ils entendent dire des autres histoires qui ont quelque liaison avec celles qu'ils savent déjà. Mais, encore une fois, il faut bien se garder de leur faire jamais une loi d'écouter ni de retenir ces histoires, encore moins d'en faire des leçons réglées; il faut que le plaisir fasse tout. Ne les pressez pas ; vous en viendrez à bout, même pour les esprits communs; il n'y a qu'à ne les point trop charger et à laisser venir leur curiosité peu à peu. « Mais, direz-vous, comment leur raconter ces histoires d'une manière vive, courte, naturelle et agréable? Où sont les gouvernantes qui le savent faire? » A cela je réponds que je ne le propose qu'afin qu'on tâche de choisir des personnes de bon esprit pour gouverner les enfans, et qu'on leur inspire, autant qu'on pourra, cette méthode d'enseigner : chaque gouvernante en prendra selon la mesure de son talent. Mais enfin, si peu qu'elles aient d'ouverture d'esprit, la chose ira moins mal, quand on les formera à cette manière, qui est naturelle et simple.

Elles peuvent ajouter à leurs discours la vue des estampes ou des tableaux qui représentent agréablement les histoires saintes. Les estampes peuvent suffire, et il faut s'en servir pour l'usage ordinaire; mais, quand on aura la commodité de montrer aux enfans de bons tableaux, il ne faut pas le négliger: car la force des couleurs, avec la grandeur des figures au naturel, frapperont bien davantage leur imagination.

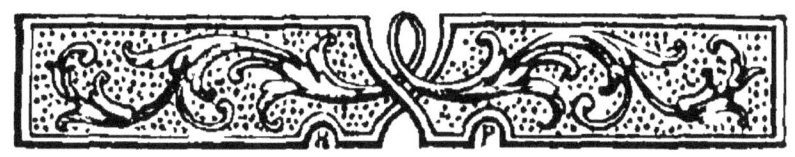

CHAPITRE VII

Comment il faut faire entrer dans l'esprit des enfans les premiers principes de la religion.

Nous avons remarqué que le premier âge des enfans n'est pas propre à raisonner; non qu'ils n'aient déjà toutes les idées et tous les principes généraux de raison qu'ils auront dans la suite, mais parce que, faute de connoître beaucoup de faits, ils ne peuvent appliquer leur raison, et que d'ailleurs l'agitation de leur cerveau les empêche de suivre leurs pensées et de les lier.

Il faut pourtant, sans les presser, tourner doucement le premier usage de leur raison à connoître Dieu. Persuadez-les des vérités chrétiennes, sans leur donner de sujets de doute. Ils voient mourir quelqu'un; ils savent qu'on l'enterre; dites-leur : « Ce mort est-il dans le tombeau? — *Oui*. — Il n'est donc pas en paradis? — *Pardonnez-moi, il y est.* — Comment est-il dans le tombeau et dans le paradis en même temps? — *C'est son âme qui est en paradis; c'est son corps qui est mis dans la terre.* — Son âme n'est donc pas son corps? —

Non. — L'âme n'est donc pas morte ? *— Non, elle vivra toujours dans le ciel.* » Ajoutez : « Et vous, voulez-vous être sauvé ? *— Oui.* — Mais qu'est-ce que se sauver ? *— C'est que l'âme va en paradis quand on est mort.* — Et la mort, qu'est-ce ? *— C'est que l'âme quitte le corps, et que le corps s'en va en poussière.* »

Je ne prétends pas qu'on mène d'abord les enfans à répondre ainsi ; je puis dire néanmoins que plusieurs m'ont fait ces réponses dès l'âge de quatre ans. Mais je suppose un esprit moins ouvert et plus reculé ; le pis aller, c'est de l'attendre quelques années de plus sans impatience.

Il faut montrer aux enfans une maison, et les accoutumer à comprendre que cette maison ne s'est pas bâtie d'elle-même. « Les pierres, leur direz-vous, ne se sont pas élevées sans que personne les portât. » Il est bon même de leur montrer des maçons qui bâtissent ; puis, faites-leur regarder le ciel, la terre et les principales choses que Dieu y a faites pour l'usage de l'homme ; dites-leur : « Voyez combien le monde est plus beau et mieux fait qu'une maison. S'est-il fait de lui-même ? Non, sans doute, c'est Dieu qui l'a bâti de ses propres mains. »

D'abord suivez la méthode de l'Écriture, frappez vivement leur imagination ; ne leur proposez rien qui ne soit revêtu d'images sensibles. Représentez Dieu assis sur un trône, avec des yeux plus brillans que les rayons du soleil et plus perçans que les éclairs. Faites-le parler; donnez-lui des oreilles qui écoutent tout, des mains qui portent l'univers, des bras toujours levés pour punir les méchans, un cœur tendre et paternel pour rendre heureux ceux qui l'aiment. Viendra le temps que vous rendrez toutes ces connoissances plus exactes. Observez toutes les ouvertures que l'esprit de l'enfant vous donnera; tâtez-le par divers endroits, pour découvrir par où les grandes vérités peuvent mieux entrer dans sa tête. Surtout ne lui dites rien de nouveau sans le lui familiariser par quelque comparaison sensible.

Par exemple, demandez-lui s'il aimeroit mieux mourir que de renoncer à Jésus-Christ; il vous répondra : « *Oui.* » Ajoutez : « Mais quoi! donneriez-vous votre tête à couper pour aller en paradis? — *Oui.* » Jusque-là l'enfant croit qu'il auroit assez de courage pour le faire; mais vous qui voulez lui faire sentir qu'on ne peut rien sans la grâce, vous ne gagnerez rien si vous lui dites simplement qu'on a besoin de grâce pour être fidèle : il n'entend point tous ces mots-là, et, si vous l'accoutumez à les dire sans les entendre, vous n'en êtes pas plus avancé. Que ferez-vous donc? Racontez-lui l'histoire de saint Pierre; représentez-le qui dit d'un ton présomptueux :

« S'il faut mourir, je vous suivrai; quand tous les autres vous quitteroient, je ne vous abandonnerai jamais. » Puis dépeignez sa chute : il renie trois fois Jésus-Christ; une servante lui fait peur. Dites pourquoi Dieu permit qu'il fût si foible; puis servez-vous de la comparaison d'un enfant ou d'un malade, qui ne sauroit marcher tout seul, et faites-lui entendre que nous avons besoin que Dieu nous porte, comme une nourrice porte son enfant : par là, vous rendrez sensible le mystère de la grâce.

Mais la vérité la plus difficile à faire entendre est que nous avons une âme plus précieuse que notre corps. On accoutume d'abord les enfans à parler de leur âme, et on fait bien : car ce langage qu'ils n'entendent point ne laisse pas de les accoutumer à supposer confusément la distinction du corps et de l'âme, en attendant qu'ils puissent la concevoir. Autant que les préjugés de l'enfance sont pernicieux quand ils mènent à l'erreur, autant sont-ils utiles lorsqu'ils accoutument l'imagination à la vérité, en attendant que la raison puisse s'y tourner par principes. Mais enfin il faut établir une vraie persuasion. Comment le faire? Sera-ce en jetant une jeune fille dans des subtilités de philosophie? Rien n'est si mauvais. Il faut se borner à lui rendre clair et sensible, s'il se peut, ce qu'elle entend et ce qu'elle dit tous les jours.

Pour son corps, elle ne le connoît que trop ; tout la porte à le flatter, à l'orner et à s'en faire une idole ; il est capital de lui en inspirer le mépris, en lui montrant quelque chose de meilleur en elle.

Dites donc à un enfant en qui la raison agit déjà : « Est-ce votre âme qui mange ? » S'il répond mal, ne le grondez point ; mais dites-lui doucement que l'âme ne mange pas. « C'est le corps, direz-vous, qui mange ; c'est le corps qui est semblable aux bêtes. Les bêtes ont-elles de l'esprit ? sont-elles savantes ? — *Non* », répondra l'enfant. « Mais elles mangent, continuerez-vous, quoiqu'elles n'aient point d'esprit. Vous voyez donc bien que ce n'est pas l'esprit qui mange ; c'est le corps qui prend les viandes pour se nourrir ; c'est lui qui marche, c'est lui qui dort. Et l'âme, que fait-elle ? Elle raisonne, elle connoît tout le monde ; elle aime certaines choses ; il y en a d'autres qu'elle regarde avec aversion. » Ajoutez comme en vous jouant : « Voyez-vous cette table ? — *Oui*. — Vous la connoissez donc ? — *Oui*. — Vous voyez bien qu'elle n'est pas faite comme cette chaise ; vous savez bien qu'elle est de bois, et qu'elle n'est pas comme la cheminée, qui est de pierre ? — *Oui* », répondra l'enfant. N'allez pas plus loin sans avoir reconnu dans le ton de sa voix et dans ses yeux que ces vérités si simples l'ont frappé. Puis dites-lui : « Mais cette table vous connoît-elle? » Vous verrez que l'enfant se mettra à rire pour se moquer de cette question. N'importe, ajoutez : « Qui vous aime mieux, de cette table ou de cette chaise? » Il rira encore. Continuez : « Et la fenêtre, est-elle bien sage? » Puis essayez d'aller plus loin. « Et cette poupée, vous répond-elle quand vous lui parlez? — *Non.* — Pourquoi? Est-ce qu'elle n'a point d'esprit? — *Non, elle n'en a pas.* — Elle n'est donc pas comme vous : car vous la connoissez, et elle ne vous connoît point. Mais, après votre mort, quand vous serez sous la terre, ne serez-vous pas comme cette poupée? — *Oui.* — Vous ne sentirez plus rien? — *Non.* — Vous ne connoîtrez plus personne? — *Non.* — Et votre âme sera dans le ciel? — *Oui.* — N'y verra-t-elle pas Dieu? — *Il est vrai.* — Et l'âme de la poupée, où est-elle à présent? » Vous verrez que l'enfant, souriant, vous répondra, ou du moins vous fera entendre que la poupée n'a point d'âme.

Sur ce fondement, et par ces petits tours sensibles employés à diverses reprises, vous pouvez l'accoutumer peu à peu à attribuer au corps ce qui lui appartient, et à l'âme ce qui vient d'elle; pourvu que vous n'alliez pas indiscrètement lui proposer certaines actions qui sont communes au corps et à l'âme. Il faut éviter les subtilités qui pourroient embrouiller ces vérités, et il faut se contenter de bien démêler les choses où la différence du corps et de l'âme est plus sensiblement marquée. Peut-être même trouvera-t-on des esprits si grossiers qu'avec une bonne éducation ils ne pourront entendre distinctement ces vérités; mais, outre qu'on conçoit quelquefois assez clairement une chose, quoiqu'on ne sache pas l'expliquer nettement, d'ailleurs Dieu voit mieux que nous dans l'esprit de l'homme ce qu'il y a mis pour l'intelligence de ses mystères.

Pour les enfans en qui on apercevra un esprit capable d'aller plus loin, on peut, sans les jeter dans une étude qui sente trop la philosophie, leur faire concevoir, selon la portée de leur esprit, ce qu'ils disent quand on leur fait dire que Dieu est un esprit, et que leur âme est un esprit aussi. Je crois que le meilleur et le plus simple moyen de leur faire concevoir cette spiritualité de Dieu et de l'âme est de leur faire remarquer la différence qui est entre un homme mort et un homme vivant : dans l'un, il n'y a que le corps; dans l'autre, le corps est joint à l'esprit. Ensuite, il faut leur montrer que ce qui raisonne est bien plus parfait que ce qui n'a qu'une figure et du mouvement. Faites ensuite remarquer par divers exemples qu'aucun corps ne périt; ils se séparent seulement : ainsi, les parties du bois brûlé tombent en cendre, ou s'envolent en fumée. « Si donc, ajouterez-vous, ce qui n'est en soi-même que de la cendre, incapable de connoître et de penser, [ne périt jamais, à plus forte raison, notre âme, qui connoît et qui pense, ne cessera jamais d'être. Le corps peut mourir, c'est-à-dire qu'il peut quitter l'âme et être de la cendre'; mais l'âme vivra, car elle pensera toujours.

Les gens qui enseignent doivent développer le plus qu'ils peuvent dans l'esprit des enfans ces connoissances qui sont les fondemens de toute la religion. Mais, quand ils ne peuvent y réussir, ils doivent, bien loin de se rebuter des esprits durs et tardifs, espérer que Dieu les éclairera intérieurement. Il y a même une voie sensible et de pratique pour affermir cette connoissance de la distinction du corps et de l'âme : c'est d'accoutumer les enfans à mépriser l'un et à estimer l'autre dans tout le détail des mœurs. Louez l'instruction qui nourrit l'âme et qui la fait croître; estimez les hautes vérités qui l'animent à se rendre sage et vertueuse. Méprisez la bonne chère, les parures, et tout ce qui amollit le corps; faites sentir combien l'honneur, la bonne conscience et la religion sont au-dessus des plaisirs grossiers. Par de tels sentimens, sans raisonner sur le corps et sur l'âme, les anciens Romains avoient appris à leurs enfans à mépriser leur corps, et à le sacrifier pour donner à l'âme le plaisir de la vertu et de la gloire. Chez eux ce n'étoit pas seulement les personnes d'une naissance distinguée, c'étoit le peuple entier qui naissoit tempérant, désintéressé, plein de mépris pour la vie, uniquement sensible à l'honneur et à la sagesse. Quand je parle des anciens Romains, j'entends ceux qui ont vécu avant que l'accroissement de leur empire eût altéré la simplicité de leurs mœurs.

Qu'on ne dise point qu'il seroit impossible de donner aux enfans de tels préjugés par l'éducation. Combien voyons-nous de maximes qui ont été établies parmi nous contre l'impression des sens par la force de la coutume! Par exemple, celle du duel fondée sur une fausse règle d'honneur. Ce n'étoit point en raisonnant, mais en supposant sans raisonner la maxime établie sur le point d'honneur, qu'on exposoit sa vie, et que tout homme d'épée vivoit dans un péril continuel. Celui qui n'avoit aucune querelle pouvoit en avoir à toute heure avec des gens qui cherchoient des prétextes pour se signaler dans quelque combat. Quelque modéré qu'on fût, on ne pouvoit, sans perdre le faux honneur, ni éviter une querelle par un éclaircissement, ni refuser d'être second du premier venu qui vouloit se battre. Quelle autorité n'a-t-il pas fallu pour déraciner une coutume si barbare? Voyez donc combien les préjugés de l'éducation sont puissans; ils le seront bien davantage pour la vertu, quand ils seront soutenus par la raison et par l'espérance du royaume du ciel. Les Romains, dont nous avons déjà parlé, et avant eux les Grecs, dans les bons temps de leurs républiques, nourrissoient leurs enfans dans le mépris du faste et de la mollesse; ils leur apprenoient à n'estimer que la gloire; à vouloir, non pas posséder les richesses, mais vaincre les rois qui les possédoient; à croire qu'on ne peut se rendre heureux que par la vertu. Cet esprit s'étoit si fortement établi dans ces républiques qu'elles ont fait des choses incroyables, selon ces maximes si contraires à celles de tous les autres peuples. L'exemple de tant de martyrs, et d'autres premiers chrétiens de toute condition et de tout âge, fait voir que la grâce du baptême, étant ajoutée au secours de l'éducation, peut faire des impressions encore bien plus merveilleuses dans les fidèles, pour leur faire mépriser ce qui appartient au corps. Cherchez donc tous les tours les plus agréables et les comparaisons les plus sensibles pour représenter aux enfants que notre corps est semblable aux bêtes, et que notre âme est semblable aux anges. Représentez un cavalier qui est monté sur un cheval, et qui le conduit : dites que l'âme est à l'égard du corps ce que le cavalier est à l'égard du cheval. Finissez en concluant qu'une âme est bien foible et bien malheureuse quand elle se laisse emporter par son corps, comme par un cheval fougueux, qui la jette dans un précipice. Faites encore remarquer que la beauté du corps est une fleur qui s'épanouit le matin, et qui est le soir flétrie et foulée aux pieds; mais que l'âme est l'image de la beauté immortelle de Dieu. « Il y a, ajouterez-vous, un ordre de choses d'autant plus excellentes qu'on ne peut les voir par les yeux grossiers de la chair, comme on voit tout ce qui est ici-bas sujet au changement et à la corruption. » Pour faire sentir aux enfans qu'il y a des choses très réelles que les yeux et les oreilles ne peuvent apercevoir, il leur faut demander s'il n'est pas vrai qu'un tel est sage, et qu'un tel autre a beaucoup d'esprit. Quand ils auront répondu *oui*, ajoutez : « Mais la sagesse d'un tel, l'avez-vous vue? de quelle couleur est-elle? L'avez-vous entendue? fait-elle beaucoup de bruit? L'avez-vous touchée? est-elle froide ou chaude? » L'enfant rira; il en fera autant pour les mêmes questions sur l'esprit : il paroîtra tout étonné qu'on lui demande de quelle couleur est un esprit; s'il est rond ou carré. Alors vous pourrez lui faire remarquer qu'il connoît donc des choses très véritables qu'on ne peut ni voir, ni toucher, ni entendre, et que ces choses sont spirituelles. Mais il faut entrer fort sobrement dans ces sortes de discours pour les filles. Je ne les propose ici que pour celles dont la curiosité et le raisonnement vous mèneroient malgré vous jusqu'à ces questions. Il faut se régler selon l'ouverture de leur esprit et selon leur besoin.

Retenez leur esprit le plus que vous pourrez dans les bornes communes ; et apprenez-leur qu'il doit y avoir pour leur sexe une pudeur sur la science, presque aussi délicate que celle qui inspire l'horreur du vice.

En même temps il faut faire venir l'imagination au secours de l'esprit, pour leur donner des images charmantes des vérités de la religion que le corps ne peut voir. Il faut leur peindre la gloire céleste telle que saint Jean nous la représente : les larmes de tout œil essuyées ; plus de mort, plus de douleurs ni de cris ; les gémissemens s'enfuiront, les maux seront passés ; une joie éternelle sera sur la tête des bienheureux comme les eaux sont sur la tête d'un homme abîmé au fond de la mer. Montrez cette glorieuse Jérusalem dont Dieu sera lui-même le soleil pour y former des jours sans fin ; un fleuve de paix, un torrent de délices, une fontaine de vie l'arrosera ; tout y sera or, perles et pierreries. Je sais bien que toutes ces images attachent aux choses sensibles ; mais, après avoir frappé les enfans par un si beau spectacle pour les rendre attentifs, on se sert des moyens que nous avons touchés pour les ramener aux choses spirituelles.

Concluez que nous ne sommes ici-bas que comme des voyageurs dans une hôtellerie ou sous une tente; que le corps va périr; qu'on ne peut retarder que de peu d'années sa corruption; mais que l'âme s'envolera dans cette céleste patrie, où elle doit vivre à jamais de la vie de Dieu. Si on peut donner aux enfants l'habitude d'envisager avec plaisir ces grands objets, et de juger des choses communes par rapport à de si hautes espérances, on aplanit des difficultés infinies.

Je voudrois encore tâcher de leur donner de fortes impressions sur la résurrection des corps. Apprenez-leur que la nature n'est qu'un ordre commun que Dieu a établi dans ses ouvrages, et que les miracles ne sont que des exceptions à ces règles générales; qu'ainsi il ne coûte pas plus à Dieu de faire cent miracles qu'à moi de sortir de ma chambre un quart d'heure avant le temps où j'avois accoutumé d'en sortir. Ensuite rappelez l'histoire de la résurrection de Lazare, puis celle de la résurrection de Jésus-Christ, et de ses apparitions familières pendant quarante jours devant tant de personnes. Enfin, montrez qu'il ne peut être difficile à celui qui a fait les hommes de les refaire. N'oubliez pas la comparaison du grain de blé qu'on sème dans la terre et qu'on fait pourrir afin qu'il ressuscite et se multiplie.

Au reste, il ne s'agit point d'enseigner par mémoire cette morale aux enfans, comme on leur enseigne le catéchisme; cette méthode n'aboutiroit qu'à tourner la religion en un langage affecté, du moins en des formalités ennuyeuses; aidez seulement leur esprit, et mettez-les en chemin de trouver ces vérités dans leur propre fonds; elles leur en seront plus propres et plus agréables; elles s'imprimeront plus vivement : profitez des ouvertures pour leur faire développer ce qu'ils ne voient encore que confusément.

Mais prenez garde qu'il n'est rien de si dangereux que de leur parler du mépris de cette vie, sans leur faire voir, par tout le détail de votre conduite, que vous parlez sérieusement. Dans tous les âges, l'exemple a un pouvoir étonnant sur nous : dans l'enfance, il peut tout; les enfans se plaisent fort à imiter; ils n'ont point encore d'habitude qui leur rende l'imitation d'autrui difficile; de plus, n'étant pas capables de juger par eux-mêmes du fond des choses, ils en jugent bien plus par ce qu'ils voient dans ceux qui les proposent que par les raisons dont ils les appuient; les actions mêmes sont bien plus sensibles que les paroles; si donc ils voient faire le contraire de ce qu'on leur enseigne, ils s'accoutument à regarder la religion comme une belle cérémonie, et la vertu comme une idée impraticable.

Ne prenez jamais la liberté de faire devant les

enfans certaines railleries sur des choses qui ont rapport à la religion. On se moquera de la dévotion de quelque esprit simple; on rira sur ce qu'il consulte son confesseur ou sur les pénitences qui lui sont imposées. Vous croyez que tout cela est innocent; mais vous vous trompez, tout tire à conséquence en cette matière. Il ne faut jamais parler de Dieu, ni des choses qui concernent son culte, qu'avec un sérieux et un respect bien éloignés de ces libertés. Ne vous relâchez jamais sur aucune bienséance, mais principalement sur celles-là. Souvent les gens qui sont les plus délicats sur celles du monde sont les plus grossiers sur celles de la religion.

Quand l'enfant aura fait les réflexions nécessaires pour se connoître soi-même et pour connoître Dieu, joignez-y les faits d'histoire dont il sera déjà instruit; ce mélange lui fera trouver toute la religion assemblée dans sa tête. Il remarquera avec plaisir le rapport qu'il y a entre ses réflexions et l'histoire du genre humain; il aura reconnu que l'homme ne s'est point fait lui-même, que son âme est l'image de Dieu; que son corps a été formé avec tant de ressorts admirables, par une industrie et une puissance divine; aussitôt il se souviendra de l'histoire de la création. Ensuite il songera qu'il est né avec des inclinations contraires à la raison; qu'il est trompé par le plaisir, emporté par la colère, et que son corps entraîne son âme contre la raison, comme un cheval fougueux emporte un cavalier, au lieu que son âme devroit gouverner son corps : il apercevra la cause de ce désordre dans l'histoire du péché d'Adam ; cette histoire lui fera attendre le Sauveur qui doit réconcilier les hommes avec Dieu : voilà tout le fond de la religion.

Pour faire mieux entendre les mystères, les actions et les maximes de Jésus-Christ, il faut disposer les jeunes personnes à lire l'Évangile. Il faudroit donc les préparer de bonne heure à lire la parole de Dieu, comme on les prépare à recevoir par la communion la chair de Jésus-Christ ; il faudroit poser comme le principal fondement l'autorité de l'Église, épouse du Fils de Dieu et mère de tous les fidèles : « C'est elle, direz-vous, qu'il faut écouter, parce que le Saint-Esprit l'éclaire pour nous expliquer les Écritures : on ne peut aller que par elle à Jésus-Christ. » Ne manquez pas de relire souvent avec les enfans les endroits où Jésus-Christ promet de soutenir et d'animer l'Église, afin qu'elle conduise ses enfans dans la voie de la vérité. Surtout inspirez aux filles cette sagesse sobre et tempérée que saint Paul recommande ; faites-leur craindre le piège de la nouveauté, dont l'amour est si naturel à leur sexe ; prévenez-les d'une horreur salutaire pour toute singularité en matière de religion; proposez-leur cette perfection céleste, cette merveilleuse discipline qui régnoit parmi les premiers chrétiens; faites-les rougir de nos relâchemens; faites-les soupirer après cette pureté évangélique; mais éloignez avec un soin extrême toutes les pensées de critique présomptueuse et de réformation indiscrète.

Songez donc à leur mettre devant les yeux l'Évangile et les grands exemples de l'antiquité; mais ne le faites qu'après avoir éprouvé leur docilité et la simplicité de leur foi: revenez toujours à l'Église; montrez-leur avec les promesses qui lui sont faites, et avec l'autorité qui lui est donnée dans l'Évangile, la suite de tous les siècles où cette Église a conservé, parmi tant d'attaques et de révolutions, la succession inviolable des pasteurs et de la doctrine qui font l'accomplissement manifeste des promesses divines. Pourvu que vous posiez le fondement de l'humilité, de la soumission et de l'aversion pour toute singularité suspecte, vous montrerez avec beaucoup de fruit aux jeunes personnes tout ce qu'il y a de plus parfait dans la loi de Dieu, dans l'institution des sacremens et dans la pratique de l'ancienne Église. Je sais qu'on ne peut pas espérer de donner ces instructions dans toute leur étendue à toutes sortes d'enfans; je le propose seulement ici, afin qu'on les donne le plus exactement qu'on pourra, selon le temps et selon la disposition des esprits qu'on voudra instruire.

La superstition est sans doute à craindre pour le sexe; mais rien ne la déracine ou ne la prévient mieux qu'une instruction solide : cette instruction, quoiqu'elle doive être renfermée dans de justes bornes et être bien éloignée de toutes les études des savans, va pourtant plus loin qu'on ne croit d'ordinaire : tel pense être bien instruit qui ne l'est point, et dont l'ignorance est si grande qu'il n'est pas même en état de sentir ce qui lui manque pour connoître le fond du christianisme. Il ne faut jamais laisser mêler dans la foi ou dans les pratiques de piété rien qui ne soit tiré de l'Évangile ou autorisé par une approbation constante de l'Église; il faut prémunir discrètement les enfans contre certains abus qui sont si communs qu'on est quelquefois tenté de les regarder comme des points de discipline quand on n'est pas bien instruit : on ne peut entièrement s'en garantir si on ne remonte à la source, si on ne connoît l'instruction des choses et l'usage que les saints en ont fait.

Accoutumez donc les filles, naturellement trop crédules, à n'admettre pas légèrement certaines histoires sans autorité et à ne s'attacher pas à de certaines dévotions qu'un zèle indiscret introduit, sans attendre que l'Église les approuve.

Le vrai moyen de leur apprendre ce qu'il faut penser là-dessus n'est pas de critiquer sévèrement ces choses auxquelles un pieux motif a dû donner quelque cours, mais de montrer, sans les blâmer, qu'elles n'ont point un solide fondement.

Contentez-vous de ne faire jamais entrer ces choses dans les instructions qu'on donne sur le christianisme. Ce silence suffira pour accoutumer d'abord les enfans à concevoir le christianisme dans toute son intégrité et dans toute sa perfection, sans y ajouter ces pratiques. Dans la suite, vous pourrez les préparer doucement contre les discours des calvinistes; je crois que cette instruction ne sera pas inutile, puisque nous sommes mêlés tous les jours avec des personnes préoccupées de leurs sentimens, qui en parlent dans les conversations les plus familières.

Ils nous imputent, direz-vous, mal à propos tels excès sur les images, sur l'invocation des saints, sur la prière pour les morts, sur les indulgences. Voilà à quoi se réduit ce que l'Église enseigne sur le baptême, sur la confirmation, sur le sacrifice de la messe, sur la pénitence, sur la confession, sur l'autorité des pasteurs, sur celle du pape, qui est le premier d'entre eux par l'institution de Jésus-Christ même, et duquel on ne peut se séparer sans quitter l'Église.

« Voilà, continuerez-vous, tout ce qu'il faut

croire : ce que les calvinistes nous accusent d'y ajouter n'est point la doctrine catholique; c'est mettre un obstacle à leur réunion, que de vouloir les assujettir à des opinions qui les choquent et que l'Église désavoue, comme si ces opinions faisoient partie de notre foi. » En même temps ne négligez jamais de montrer combien les calvinistes ont condamné témérairement les cérémonies les plus anciennes et les plus saintes; ajoutez que les choses nouvellement instituées, étant conformes à l'ancien esprit, méritent un profond respect, puisque l'autorité qui les établit est toujours celle de l'épouse immortelle du Fils de Dieu.

En leur parlant ainsi de ceux qui ont arraché aux anciens pasteurs une partie de leur troupeau, sous prétexte d'une réforme, ne manquez pas de faire remarquer combien ces hommes superbes ont oublié la foiblesse humaine, et combien ils ont rendu la religion impraticable pour tous les simples, lorsqu'ils ont voulu engager tous les particuliers à examiner par eux-mêmes tous les articles de la doctrine chrétienne dans les Écritures, sans se soumettre aux interprétations de l'Église. Représentez l'Écriture sainte au milieu des fidèles, comme la règle souveraine de la foi. « Nous ne reconnoissons pas moins que les hérétiques, direz-vous, que l'Église doit se soumettre à l'Écriture; mais nous disons que le Saint-Esprit aide l'Église, pour expliquer bien l'Écriture. Ce n'est pas l'Église que nous préférons à l'Écriture; mais l'explication de l'Écriture faite par toute l'Église à notre propre explication. N'est-ce pas le comble de l'orgueil et de la témérité à un particulier, de craindre que l'Église ne se soit trompée dans sa décision, et de ne craindre pas de se tromper soi-même en décidant contre elle?

Inspirez encore aux enfans le désir de savoir les raisons de toutes les cérémonies et de toutes les paroles qui composent l'office divin et l'administration des sacremens; montrez-leur les fonts baptismaux; qu'ils voient baptiser, qu'ils considèrent le jeudi saint comment on fait les saintes huiles, et le samedi comment on bénit l'eau des fonts. Donnez-leur le goût, non des sermons pleins d'ornemens vains et affectés, mais des discours sensés et édifians, comme des bons prônes et des homélies, qui leur fassent entendre clairement la lettre de l'Évangile; faites-leur remarquer ce qu'il y a de beau et de touchant dans la simplicité de ces instructions, et inspirez-leur l'amour de la paroisse, où le pasteur parle avec bénédiction et avec autorité, si peu qu'il ait de talent et de vertu. Mais en même temps faites-leur aimer et respecter toutes les communautés qui concourent au service de l'Église. Ne souffrez jamais qu'ils se moquent de l'habit ou de l'état des religieux; montrez la sainteté de leur institut, l'utilité que la religion en tire, et le nombre prodigieux de chrétiens qui tendent, dans ces saintes retraites, à une perfection qui est presque impraticable dans les engagemens du siècle. Accoutumez l'imagination des enfans à entendre parler de la mort; à voir sans se troubler un drap mortuaire, un tombeau ouvert, des malades même qui expirent, et des personnes déjà mortes, si vous pouvez le faire sans les exposer à un saisissement de frayeur.

Il n'est rien de plus fâcheux que de voir beaucoup de personnes qui ont de l'esprit et de la piété ne pouvoir penser à la mort sans frémir; d'autres pâlissent pour s'être trouvées au nombre de treize à table, ou pour avoir eu certains songes, ou pour avoir vu renverser une salière : la crainte de tous ces présages imaginaires est un reste grossier du paganisme; faites-en voir la vanité et le ridicule. Quoique les femmes n'aient pas les mêmes occasions que les hommes de montrer leur courage, elles doivent pourtant en avoir. La lâcheté est méprisable partout, partout elle a de méchans effets. Il faut qu'une femme sache résister à de vaines alarmes; qu'elle soit ferme contre certains périls imprévus; qu'elle ne pleure ni ne s'effraye que pour de grands sujets; encore faut-il s'y soutenir par vertu. Quand on est chrétien, de quelque sexe qu'on soit, il n'est pas permis d'être lâche. L'âme du christianisme, si on peut parler ainsi, est le mépris de cette vie et l'amour de l'autre.

CHAPITRE VIII

Instruction sur le Décalogue, sur les sacremens et sur la prière.

Ce qu'il y a de principal à mettre sans cesse devant les yeux des enfans, c'est Jésus-Christ, auteur et consommateur de notre foi, le centre de toute la religion et notre unique espérance. Je n'entreprends pas de dire ici comment il faut leur enseigner le mystère de l'incarnation : car cet engagement me mèneroit trop loin, et il y a assez de livres où l'on peut trouver à fond tout ce qu'on en doit enseigner. Quand les principes sont posés, il faut réformer tous les jugemens et toutes les actions de la personne qu'on instruit sur le modèle de Jésus-Christ même, qui n'a pris un corps mortel que pour nous apprendre à vivre et à mourir en nous montrant dans sa chair semblable à la nôtre tout ce que nous devons croire et pratiquer. Ce n'est pas qu'il faille à tout moment comparer les sentimens et les actions de l'enfant avec la vie de Jésus-Christ : cette comparaison deviendroit fatigante et indiscrète; mais il faut accoutumer les enfans à regarder la vie de Jésus-Christ comme notre exemple, et sa parole comme notre loi. Choisissez parmi ses discours et parmi ses actions ce qui est le plus proportionné à l'enfant. S'il s'impatiente de souffrir quelque incommodité, rappelez-lui le souvenir de Jésus-Christ sur la croix; s'il ne peut se résoudre à quelque travail rebutant, montrez-lui Jésus-Christ travaillant jusqu'à trente ans dans une boutique; s'il veut être loué et estimé, parlez-lui des opprobres dont le Sauveur s'est rassasié; s'il ne peut s'accorder avec les gens qui l'environnent, faites-lui considérer Jésus-Christ conversant avec les pécheurs et avec les hypocrites les plus abominables; s'il témoigne quelque ressentiment, hâtez-vous de lui représenter Jésus-Christ mourant sur la croix pour ceux mêmes qui le faisoient mourir; s'il se laisse emporter à une joie immodeste, peignez-lui la douceur et la modestie de Jésus-Christ, dont toute la vie a été si grave et si sérieuse. Enfin, faites qu'il se représente souvent ce que Jésus-Christ penseroit, et ce qu'il diroit de nos conversations, de nos amusemens et de nos occupations les plus sérieuses, s'il étoit encore visible au milieu de nous. « Quel seroit, continuerez-vous, notre étonnement, s'il paroissoit tout d'un coup au milieu de nous, lorsque nous sommes dans le plus profond oubli de sa loi? Mais n'est-ce pas ce qui arrivera à chacun de nous à la mort, et au monde entier quand l'heure secrète du jugement universel sera venue ? » Alors il faut peindre le renversement de la machine de l'univers; le soleil obscurci, les étoiles tombant de leurs places, les élémens embrasés s'écoulant comme des fleuves de feu, les fondemens de la terre ébranlés jusqu'au centre. « De quels yeux, ajouterez-vous, devons-nous donc regarder ce ciel qui nous couvre, cette terre qui nous porte, ces édifices que nous habitons, et tous ces autres objets qui nous environnent, puisqu'ils sont réservés au feu ? » Montrez ensuite les tombeaux ouverts, les morts qui rassembleront les débris de leurs corps, Jésus-Christ qui descendra sur les nues avec une haute majesté; ce livre ouvert, où seront écrites jusqu'aux plus secrètes pensées des cœurs; cette sentence prononcée à la face de toutes les nations et de tous les siècles; cette gloire qui s'ouvrira pour couronner à jamais les justes, et pour les faire régner avec Jésus-Christ sur le même trône; enfin, cet étang de feu et de soufre, cette nuit et cette horreur éternelle, ce grincement de dents et cette rage commune avec les démons, qui sera le partage des âmes pécheresses.

Ne manquez pas d'expliquer à fond le Décalogue; faites voir que c'est un abrégé de la loi de Dieu, et qu'on trouve dans l'Évangile ce qui n'est contenu dans le Décalogue que par des conséquences éloignées. Dites ce que c'est que conseil, et empêchez les enfans que vous instruisez de se flatter, comme le commun des hommes, par une distinction qu'on pousse trop loin entre les conseils et les préceptes. Montrez que les conseils sont donnés pour faciliter les préceptes, pour assurer les hommes contre leur propre fragilité, pour les éloigner du bord du précipice, où ils seroient entraînés par leur propre poids; qu'enfin les conseils deviennent des préceptes absolus pour ceux qui ne peuvent, en certaines occasions, observer les préceptes sans les conseils. Par exemple, les gens qui sont trop sensibles à l'amour du monde et aux pièges des compagnies sont obligés de suivre le conseil évangélique : de quitter tout pour une solitude. Répétez souvent que la lettre tue et que c'est l'esprit qui vivifie, c'est-à-dire que la simple observation du culte extérieur est inutile et nuisible si elle n'est intérieurement animée par l'esprit d'amour et de religion : rendez ce langage clair et sensible; faites voir que Dieu veut être honoré du cœur, et non des lèvres; que les cérémonies servent à exprimer notre religion et à l'exciter, mais que les cérémonies ne sont pas la religion même : qu'elle est toute au dedans, puisque Dieu cherche des adorateurs en esprit et en vérité; qu'il s'agit de l'aimer intérieurement, et de nous regarder comme s'il n'y avoit dans toute la nature que lui et nous; qu'il n'a pas besoin de nos paroles, de nos postures, ni même de notre argent; que ce qu'il veut, c'est nous-mêmes; qu'on ne doit pas seulement exécuter ce que la loi ordonne, mais encore l'exécuter pour en tirer le fruit que la loi a eu en vue quand elle l'a ordonné : qu'ainsi ce n'est rien d'entendre la messe, si on ne l'entend afin de s'unir à Jésus-Christ sacrifié pour nous, et de s'édifier de tout ce qui nous représente son immolation. Finissez en disant que tous ceux qui crieront : « Seigneur! Seigneur! » n'entreront pas au royaume du ciel; que si on n'entre dans les vrais sentimens d'amour de Dieu, de renoncement aux biens temporels, de mépris de soi-même et d'horreur pour le monde, on fait du christianisme un fantôme trompeur pour soi et pour les autres.

Passez aux sacremens : je suppose que vous en avez déjà expliqué toutes les cérémonies, à mesure qu'elles se sont faites en présence de l'enfant, comme nous l'avons dit. C'est ce qui en fera mieux sentir l'esprit et la fin : par là vous ferez entendre combien il est grand d'être chrétien, combien il est honteux et funeste de l'être comme on l'est dans le monde. Rappelez souvent les exorcismes et les promesses du baptême pour montrer que les exemples et les maximes du monde, bien loin d'avoir quelque autorité sur nous, doivent nous rendre suspect tout ce qui nous vient d'une source si odieuse et si empoisonnée ; ne craignez pas même de représenter, comme saint Paul, le démon régnant dans le monde et agitant les cœurs des hommes par toutes les passions violentes, qui leur font chercher les richesses, la gloire et les plaisirs. « C'est cette pompe, direz-vous, qui est encore plus celle du démon que du monde ; c'est ce spectacle de vanité auquel un chrétien ne doit ouvrir ni son cœur ni ses yeux. Le premier pas qu'on fait par le baptême dans le christianisme est un renoncement à toute la pompe mondaine : rappeler le monde des promesses si solennelles faites à Dieu, c'est tomber dans une espèce d'apostasie, comme un religieux qui, malgré ses vœux, quitteroit son cloître et son habit de pénitence pour rentrer dans le siècle. »

Ajoutez combien nous devons fouler aux pieds les mépris mal fondés, les railleries impies et les violences mêmes du monde, puisque la confirmation nous rend soldats de Jésus-Christ pour combattre cet ennemi. « L'évêque, direz-vous, vous a frappé pour vous endurcir contre les coups les plus violens de la persécution. Il a fait sur vous une onction sacrée, afin de représenter les anciens qui s'oignoient d'huile pour rendre leurs membres plus souples et plus vigoureux quand ils alloient au combat ; enfin il a fait sur vous le signe de la croix pour vous montrer que vous devez être crucifié avec Jésus-Christ. Nous ne sommes plus, continuerez-vous, dans le temps des persécutions où l'on faisoit mourir ceux qui ne vouloient pas renoncer à l'Évangile; mais le monde, qui ne peut cesser d'être monde, c'est-à-dire corrompu, fait toujours une persécution indirecte à la piété; il lui tend des pièges pour la faire tomber, il la décrie, il s'en moque, et il en rend la pratique si difficile, dans la plupart des conditions, qu'au milieu même des nations chrétiennes, et où l'autorité souveraine appuie le christianisme, on est en danger de rougir du nom de Jésus-Christ et de l'imitation de sa vie. »

Représentez fortement le bonheur que nous avons d'être incorporés à Jésus-Christ par l'Eucharistie. Dans le baptême, il nous fait ses frères; dans l'eucharistie, il nous fait ses membres. Comme il s'étoit donné, par l'incarnation, à la nature humaine en général, il se donne par l'eucharistie, qui est une suite si naturelle de l'incarnation, à chaque fidèle en particulier. Tout est réel dans la suite de ses mystères : Jésus-Christ donne sa chair aussi réellement qu'il l'a prise; mais c'est se rendre coupable du corps et du sang du Seigneur, c'est boire et manger son jugement que de manger la chair vivifiante de Jésus-Christ sans vivre de son esprit. « Celui, dit-il lui-même, qui me mangera, doit vivre pour moi. »

« Mais quel malheur, direz-vous encore, d'avoir besoin du sacrement de la pénitence qui suppose qu'on a péché depuis qu'on a été fait enfant de Dieu ! Quoique cette puissance toute céleste qui s'exerce sur la terre, et que Dieu a mise dans les mains des prêtres pour lier et pour délier les pécheurs selon leurs besoins, soit une si grande source de miséricordes, il faut trembler dans la crainte d'abuser des dons de Dieu et de sa patience. Pour le corps de Jésus-Christ, qui est la vie, la force et la consolation des justes, il faut désirer ardemment de pouvoir s'en nourrir tous les jours; mais, pour le remède des âmes malades, il faut souhaiter de parvenir à une santé si parfaite qu'on en diminue tous les jours le besoin. Le besoin, quoi qu'on fasse, ne sera que trop grand; mais ce seroit bien pis si on faisoit de toute sa vie un cercle continuel et scandaleux du péché à la pénitence et de la pénitence au péché. Il n'est donc question de se confesser que pour se convertir et se corriger; autrement les paroles de l'absolution, quelque puissantes qu'elles soient par l'institution de Jésus-Christ, ne seroient, par notre indisposition, que des paroles, mais des paroles funestes, qui seroient notre condamnation devant Dieu. Une confession sans changement intérieur, bien loin de décharger une conscience du fardeau de ses péchés, ne fait qu'ajouter aux autres péchés celui d'un monstrueux sacrilège. »

Faites lire aux enfans que vous élevez les prières des agonisans, qui sont admirables; montrez-leur ce que l'Église fait et ce qu'elle dit en donnant l'extrême-onction aux mourans : quelle consolation pour eux de recevoir encore un renouvellement de l'onction sacrée pour ce dernier combat! Mais, pour se rendre digne des grâces de la mort, il faut être fidèle à celles de la vie.

Admirez les richesses de la grâce de Jésus-Christ, qui n'a pas dédaigné d'appliquer le remède à la source du mal, en sanctifiant la source de notre naissance, qui est le mariage. Qu'il étoit convenable de faire un sacrement de cette union de l'homme et de la femme, qui représente celle de Dieu avec sa créature et de Jésus-Christ avec son Église! que cette bénédiction étoit nécessaire pour modérer les passions brutales des hommes, pour répandre la paix et la consolation sur toutes les familles, pour transmettre la religion comme un héritage de génération en génération! De là il faut conclure que le mariage est un état très saint et très pur, quoiqu'il soit moins parfait que la virginité; qu'il faut y être appelé; qu'on n'y doit chercher ni les plaisirs grossiers, ni la pompe mondaine; qu'on doit seulement désirer d'y former des saints.

Louez la sagesse infinie du Fils de Dieu, qui a établi des pasteurs pour le représenter parmi nous, pour nous instruire en son nom, pour nous donner son corps, pour nous réconcilier avec lui après nos chutes, pour former tous les jours de nouveaux fidèles, et même de nouveaux pasteurs qui nous conduisent après eux, afin que l'Église se conserve dans tous les siècles sans interruption. Montrez qu'il faut se réjouir que Dieu ait donné une telle puissance aux hommes. Ajoutez avec quel sentiment de religion on doit respecter les oints du Seigneur : ils sont les hommes de Dieu et les dispensateurs de ses mystères. Il faut donc baisser les yeux et gémir dès qu'on aperçoit en eux la moindre tache qui ternit l'éclat de leur ministère; il faudroit souhaiter de la pouvoir laver dans son propre sang. Leur doctrine n'est pas la leur; qui les écoute, écoute Jésus-Christ même; quand ils sont assemblés au nom de Jésus-Christ pour expliquer les Écritures, le Saint-Esprit parle avec eux. Leur temps n'est point à eux : il ne faut donc pas vouloir les faire descendre d'un si haut ministère, où ils doivent se dévouer à la parole et à la prière pour être les médiateurs entre Dieu et les hommes, et les rabaisser jusqu'à des affaires du siècle. Il est encore moins permis de vouloir profiter de leurs revenus, qui sont le patrimoine des pauvres et le prix des péchés du peuple ; mais le plus affreux désordre est de vouloir élever ses parens ou ses amis à ce redoutable ministère sans vocation et par des vues d'intérêt personnel.

Il reste à montrer la nécessité de la prière, fondée sur le besoin de la grâce, que nous avons déjà expliqué. « Dieu, dira-t-on à un enfant, veut qu'on lui demande sa grâce, non parce qu'il ignore notre besoin, mais parce qu'il veut nous assujettir à une demande qui nous excite à reconnoître ce besoin : ainsi c'est l'humiliation de notre cœur, le sentiment de notre misère et de notre impuissance, enfin, la confiance en sa bonté, qu'il exige de nous. Cette demande qu'il veut qu'on lui fasse ne consiste que dans l'intention et dans le désir : car il n'a pas besoin de nos paroles. Souvent on récite beaucoup de paroles sans prier, et souvent on prie intérieurement sans prononcer aucune parole. Ces paroles peuvent néanmoins être très utiles : car elles excitent en nous les pensées et les sentimens qu'elles expriment, si on y est attentif : c'est pour cette raison que Jésus-Christ nous a donné une forme de prière. Quelle consolation de savoir par Jésus-Christ même comment son Père veut être prié ! Quelle force doit-il y avoir dans des demandes que Dieu même nous met dans la bouche !

Comment ne nous accorderoit-il pas ce qu'il a soin de nous apprendre à demander? Après cela, montrez combien cette prière est simple et sublime, courte et pleine de tout ce que nous pouvons attendre d'en haut.

Le temps de la première confession des enfans est une chose qu'on ne peut décider ici : il doit dépendre de l'état de leur esprit, et encore plus de celui de leur conscience; il faut leur enseigner ce que c'est que la confession, dès qu'ils paroissent capables de l'entendre. Ensuite, attendez la première faute un peu considérable que l'enfant fera; donnez-lui-en beaucoup de confusion et de remords. Vous verrez qu'étant déjà instruit sur la confession, il cherchera naturellement à se consoler en s'accusant au confesseur; il faut tâcher de faire en sorte qu'il s'excite à un vif repentir, et qu'il trouve dans la confession un sensible adoucissement à sa peine, afin que cette première confession fasse une impression extraordinaire dans son esprit, et qu'elle soit une source de grâces pour toutes les autres.

La première communion, au contraire, me semble devoir être faite dans le temps où l'enfant, parvenu à l'usage de raison, paroîtra plus docile et plus exempt de tout défaut considérable. C'est parmi ces prémices de foi et d'amour de Dieu que Jésus-Christ se fera mieux sentir et goûter à lui par les grâces de la communion. Elle doit être longtemps attendue, c'est-à-dire qu'on doit l'avoir fait espérer à l'enfant dès sa première enfance comme le plus grand bien qu'on puisse avoir sur la terre, en attendant les joies du ciel. Je crois qu'il faudroit la rendre la plus solennelle qu'on peut ; qu'il paroisse à l'enfant qu'on a les yeux attachés sur lui pendant ces jours-là, qu'on l'estime heureux, qu'on prend part à sa joie, et qu'on attend de lui une conduite au-dessus de son âge pour une action si grande. Mais, quoiqu'il faille donc préparer beaucoup l'enfant à la communion, je crois que, quand il y est préparé, on ne sauroit le prévenir trop tôt d'une si précieuse grâce, avant que son innocence soit exposée aux occasions dangereuses où elle commence à se flétrir.

CHAPITRE IX

Remarques sur plusieurs défauts des filles.

Nous avons encore à parler du soin qu'il faut prendre pour préserver les filles de plusieurs défauts ordinaires à leur sexe. On les nourrit dans une mollesse et dans une timidité qui les rend incapables d'une conduite ferme et réglée. Au commencement il y a beaucoup d'affectation, et ensuite beaucoup d'habitude dans ces craintes mal fondées et dans ces larmes qu'elles versent à si bon marché; le mépris de ces affectations peut servir beaucoup à les corriger, puisque la vanité y a tant de part.

Il faut aussi réprimer en elles les amitiés trop tendres, les petites jalousies, les complimens excessifs, les flatteries, les empressemens; tout cela les gâte et les accoutume à trouver que tout ce qui est grave et sérieux est trop sec et austère. Il faut même tâcher de faire en sorte qu'elles s'étudient à parler d'une manière courte et précise. Le bon esprit consiste à retrancher tout discours inutile et à dire beaucoup en peu de mots, au lieu que la plupart des femmes disent peu en beaucoup de paroles : elles prennent la facilité de parler et la vivacité d'imagination pour l'esprit; elles ne choisissent point entre leurs pensées; elles n'y mettent aucun ordre par rapport aux choses qu'elles ont à expliquer; elles sont passionnées sur presque tout ce qu'elles disent, et la passion fait parler beaucoup; cependant on ne peut espérer rien de fort bon d'une femme, si on ne la réduit à réfléchir de suite, à examiner ses pensées, à les expliquer d'une manière courte, et à savoir ensuite se taire.

Une autre chose contribue beaucoup aux longs discours des femmes, c'est qu'elles sont nées artificieuses et qu'elles usent de longs détours pour venir à leur but : elles estiment la finesse; et comment ne l'estimeroient-elles pas, puisqu'elles ne connoissent point de meilleure prudence, et que c'est d'ordinaire la première chose que l'exemple leur a enseignée? Elles ont un naturel souple pour jouer facilement toutes sortes de comédies; les larmes ne leur coûtent rien, leurs passions sont vives, et leurs connoissances bornées : de là vient qu'elles ne négligent rien pour réussir, et que les moyens qui ne conviendroient pas à des esprits plus réglés leur paroissent bons; elles ne raisonnent guère pour examiner s'il faut désirer une chose; mais elles sont très industrieuses pour y parvenir.

De l'éducation des filles.

Ajoutez qu'elles sont timides et pleines de fausse honte, ce qui est encore une source de dissimulation. Le moyen de prévenir un si grand mal est de ne les mettre jamais dans le besoin de la finesse, et de les accoutumer à dire ingénument leurs inclinations sur toutes les choses permises. Qu'elles soient libres pour témoigner leur ennui quand elles s'ennuient. Qu'on ne les assujettisse point à paroître goûter certaines personnes ou certains livres qui ne leur plaisent pas.

Souvent une mère préoccupée de son directeur est mécontente de sa fille jusqu'à ce qu'elle prenne sa direction, et la fille le fait par politique contre son goût. Surtout qu'on ne les laisse jamais soupçonner qu'on veut leur inspirer le dessein d'être religieuses : car cette pensée leur ôte la confiance en leurs parens, leur persuade qu'elles n'en sont point aimées, leur agite l'esprit et leur fait faire un personnage forcé pendant plusieurs années. Quand elles ont été assez malheureuses pour prendre l'habitude de déguiser leurs sentimens, le moyen de les désabuser est de les instruire solidement des maximes de la vraie prudence, comme on voit que le moyen de les dégoûter des fictions frivoles des romans est de leur donner le goût des histoires utiles et agréables. Si vous ne leur donnez une curiosité raisonnable, elles en auront une déréglée; et tout de même, si vous ne formez leur esprit à la vraie prudence, elles s'attacheront à la fausse, qui est la finesse.

Montrez-leur par des exemples comment on peut sans tromperie être discret, précautionné, appliqué aux moyens légitimes de réussir. Dites-leur : « La principale prudence consiste à parler peu, à se défier bien plus de soi que des autres, mais point à faire des discours faux et des personnages brouillons. La droiture de conduite et la réputation universelle de probité attirent plus de confiance et d'estime, et par conséquent, à la longue, plus d'avantages, même temporels, que les voies détournées. Combien cette probité judicieuse distingue-t-elle une personne, ne la rend-elle pas propre aux plus grandes choses ! »

Mais ajoutez combien ce que la finesse cherche est bas et méprisable : c'est ou une bagatelle qu'on n'oseroit dire, ou une passion pernicieuse. Quand on ne veut que ce qu'on doit vouloir, on le désire ouvertement, et on le cherche par des voies droites avec modération. Qu'y a-t-il de plus doux et de plus commode que d'être sincère, toujours tranquille, d'accord avec soi-même, n'ayant rien à craindre ni à inventer ? au lieu qu'une personne dissimulée est toujours dans l'agitation, dans les remords, dans le danger, dans la déplorable nécessité de couvrir une finesse par cent autres.

Avec toutes ces inquiétudes honteuses, les esprits artificieux n'évitent jamais l'inconvénient qu'ils fuient. Tôt ou tard ils passent pour ce qu'ils sont. Si le monde est leur dupe sur quelque action détachée, il ne l'est pas sur le gros de leur vie ; on les devine toujours par quelque endroit ; souvent même ils sont dupes de ceux qu'ils veulent tromper : car on fait semblant de se laisser éblouir par eux, et ils se croient estimés quoiqu'on les méprise. Mais au moins ils ne se garantissent pas des soupçons ; et qu'y a-t-il de plus contraire aux avantages qu'un amour-propre sage doit chercher, que de se voir toujours suspect ? Dites peu à peu ces choses, selon les occasions, les besoins et la portée des esprits.

Observez encore que la finesse vient toujours d'un cœur bas et d'un petit esprit. On n'est fin qu'à cause qu'on se veut cacher, n'étant pas tel qu'on devroit être, ou que, voulant des choses permises, on prend pour y arriver des moyens indignes, faute d'en savoir choisir d'honnêtes. Faites remarquer aux enfans l'impertinence de certaines finesses qu'ils voient pratiquer, le mépris qu'elles attirent à ceux qui les font ; et enfin faites-leur honte à eux-mêmes, quand vous les surprendrez dans quelque dissimulation. De temps en temps privez-les de ce qu'ils aiment, parce qu'ils ont voulu y arriver par la finesse, et déclarez qu'ils l'obtiendront quand ils le demanderont simplement; ne craignez pas même de compatir à leurs petites infirmités, pour leur donner le courage de les laisser voir. La mauvaise honte est le mal le plus dangereux et le plus pressé à guérir; celui-là, si on n'y prend garde, rend tous les autres incurables.

Désabusez-les des mauvaises subtilités, par lesquelles on veut faire en sorte que le prochain se trompe sans qu'on puisse se reprocher de l'avoir trompé; il y a encore plus de bassesse et de supercherie dans ces raffinemens que dans les finesses communes. Les autres gens pratiquent, pour ainsi dire, de bonne foi la finesse; mais ceux-ci y ajoutent un nouveau déguisement pour l'autoriser. Dites à l'enfant que Dieu est la vérité même ; que c'est se jouer de Dieu que de se jouer de la vérité dans ses paroles; qu'on les doit rendre précises et exactes, et parler peu pour ne rien dire que de juste, afin de respecter la vérité.

Gardez-vous donc bien d'imiter ces personnes qui applaudissent aux enfans lorsqu'ils ont marqué de l'esprit par quelque finesse. Bien loin de trouver ces tours jolis et de vous en divertir, reprenez-les sévèrement, et faites en sorte que tous leurs artifices réussissent mal, afin que l'expérience les en dégoûte. En les louant sur de telles fautes, on leur persuade que c'est être habile que d'être fin.

CHAPITRE X

La vanité de la beauté et des ajustemens.

Mais ne craignez rien tant que la vanité dans les filles. Elles naissent avec un désir violent de plaire. Les chemins qui conduisent les hommes à l'autorité et à la gloire leur étant fermés, elles tâchent de se dédommager par les agrémens de l'esprit et du corps : de là vient leur conversation douce et insinuante; de là vient qu'elles aspirent tant à la beauté et à toutes les grâces extérieures, et qu'elles sont si passionnées pour les ajustemens: une coiffe, un bout de ruban, une boucle de cheveux plus haut ou plus bas, le choix d'une couleur, ce sont pour elles autant d'affaires importantes.

Ces excès vont encore plus loin dans notre nation qu'en toute autre; l'humeur changeante qui règne parmi nous cause une variété continuelle de modes; ainsi on ajoute à l'amour des ajustemens celui de la nouveauté, qui a d'étranges charmes sur de tels esprits. Ces deux folies mises ensemble renversent les bornes des conditions et déréglent toutes les mœurs. Dès qu'il n'y a plus de règle pour

CHAPITRE X

les habits et pour les meubles, il n'y en a plus d'effectives pour les conditions : car, pour la table des particuliers, c'est ce que l'autorité publique peut moins régler; chacun choisit selon son argent, ou plutôt, sans argent, selon son ambition et sa vanité.

Ce faste ruine les familles, et la ruine des familles entraîne la corruption des mœurs. D'un côté, le faste excite dans les personnes d'une basse naissance la passion d'une prompte fortune, ce qui ne se peut faire sans péché, comme le Saint-Esprit nous l'assure. D'un autre côté, les gens de qualité, se trouvant sans ressource, font des lâchetés et des bassesses horribles pour soutenir leurs dépenses; par là s'éteignent insensiblement l'honneur, la foi, la probité et le bon naturel, même entre les plus proches parens.

Tous ces maux viennent de l'autorité que les femmes vaines ont de décider sur les modes : elles ont fait passer pour Gaulois ridicules tous ceux qui ont voulu conserver la gravité et la simplicité des mœurs anciennes.

Appliquez-vous donc à faire entendre aux filles combien l'honneur qui vient d'une bonne conduite et d'une vraie capacité est plus estimable que celui qu'on tire de ses cheveux ou de ses habits. « La beauté, direz-vous, trompe encore plus la personne qui la possède que ceux qui en sont éblouis; elle trouble, elle enivre l'âme; on est plus sottement idolâtre de soi-même que les amans les plus passionnés ne le sont de la personne qu'ils aiment. Il n'y a qu'un fort petit nombre d'années de différence entre une belle femme et une autre qui ne l'est pas. La beauté ne peut être que nuisible, à moins qu'elle ne serve à faire marier avantageusement une fille. Mais comment y servira-t-elle, si elle n'est soutenue par le mérite et par la vertu? Elle ne peut espérer d'épouser qu'un jeune fou avec qui elle sera malheureuse, à moins que sa sagesse et sa modestie ne la fassent rechercher par des hommes d'un esprit réglé et sensible aux qualités solides. Les personnes qui tirent toute leur gloire de leur beauté deviennent bientôt ridicules : elles arrivent, sans s'en apercevoir, à un certain âge où leur beauté se flétrit, et elles sont encore charmées d'elles-mêmes, quoique le monde, bien loin de l'être, en soit dégoûté. Enfin, il est aussi déraisonnable de s'attacher uniquement à la beauté que de vouloir mettre tout le mérite dans la force du corps comme font les peuples barbares et sauvages.

De la beauté passons à l'ajustement : les véritables grâces ne dépendent point d'une parure vaine et affectée. Il est vrai qu'on peut chercher la propreté, la proportion et la bienséance dans les habits nécessaires pour couvrir nos corps. Mais, après tout, ces étoffes qui nous couvrent, et qu'on peut rendre commodes et agréables, ne peuvent jamais être des ornemens qui donnent une vraie beauté.

Je voudrois même faire voir aux jeunes filles la noble simplicité qui paroît dans les statues, et dans les autres figures qui nous restent des femmes grecques et romaines; elles y verroient combien des cheveux noués négligemment par derrière, et des draperies pleines et flottantes à longs plis, sont agréables et majestueuses. Il seroit bon même qu'elles entendissent parler les peintres et les autres gens qui ont ce goût exquis de l'antiquité.

Si peu que leur esprit s'élevât au-dessus de la préoccupation des modes, elles auroient bientôt un grand mépris pour leurs frisures si éloignées du naturel, et pour les habits d'une figure trop façonnée. Je sais bien qu'il ne faut pas souhaiter qu'elles prennent l'extérieur antique : il y auroit de l'extravagance à le vouloir; mais elles pourroient, sans aucune singularité, prendre le goût de cette simplicité d'habits si noble, si gracieuse, et d'ailleurs si convenable aux mœurs chrétiennes. Ainsi, se conformant dans l'extérieur à l'usage présent, elles sauroient au moins ce qu'il faudroit penser de cet usage. Elles satisferoient à la mode comme à une servitude fâcheuse, et elles ne lui donneroient que ce qu'elles ne pourroient lui refuser. Faites-leur remarquer souvent, et de bonne heure, la vanité et la légèreté d'esprit qui fait l'inconstance des modes. C'est une chose bien mal entendue, par exemple, de se grossir la tête de je ne sais combien de coiffes entassées; les véritables grâces suivent la nature et ne la gênent jamais.

Mais la mode se détruit elle-même; elle vise toujours au parfait, et jamais elle ne le trouve, du moins elle ne veut jamais s'y arrêter : elle seroit raisonnable si elle ne changeoit que pour ne changer plus, après avoir trouvé la perfection pour la commodité et pour la bonne grâce; mais changer pour changer sans cesse, n'est-ce pas chercher plutôt l'inconstance et le dérèglement que la véritable politesse et le bon goût? Aussi n'y a-t-il d'ordinaire que caprice dans les modes. Les femmes sont en possession de décider. Il n'y a qu'elles qu'on en veuille croire. Ainsi les esprits les plus légers et les moins instruits entraînent les autres; elles ne choisissent et ne quittent rien par règle; il suffit qu'une chose bien inventée ait été longtemps à la mode, afin qu'elle ne doive plus y être, et qu'une autre, quoique ridicule, à titre de nouveauté, prenne sa place et soit admirée.

Après avoir posé ce fondement, montrez les règles de la modestie chrétienne. « Nous apprenons, direz-vous, par nos saints mystères, que l'homme naît dans la corruption du péché. Son corps, travaillé d'une maladie contagieuse, est une source inépuisable de tentations à son âme. Jésus-Christ nous apprend à mettre toute notre vertu dans la crainte et dans la défiance de nous-mêmes. Voudriez-vous, pourra-t-on dire à une fille, hasarder votre ame et celle de votre prochain pour une folle vanité? Ayez donc horreur des nudités de gorge et de toutes les autres immodesties : quand même on commettroit ces fautes sans aucune mauvaise passion, du moins c'est une vanité, c'est un désir effréné de plaire. Cette vanité justifie-t-elle devant Dieu et devant les hommes une conduite si téméraire, si scandaleuse et si contagieuse pour autrui? Cet aveugle désir de plaire convient-il à une âme chrétienne, qui doit regarder comme une idolâtrie tout ce qui détourne de l'amour du Créateur et du mépris des créatures? Mais, quand on cherche à plaire, que prétend-on? N'est-ce pas exciter les passions des hommes? Les tient-on dans ses mains pour les arrêter? Si elles vont trop loin, ne doit-on pas s'en imputer toutes les suites? et ne vont-elles pas toujours trop loin, si peu qu'elles soient allumées? Vous préparez un poison subtil et mortel; vous le versez sur tous les spectateurs, et vous vous croyez innocente! » Ajoutez les exemples des personnes que leur modestie a rendues recommandables, et de celles à qui leur immodestie a fait tort. Mais surtout ne permettez rien dans l'extérieur des filles qui excède leur condition. Réprimez sévèrement toutes leurs fantaisies. Montrez-leur à quel danger on s'expose, et combien on se fait mépriser des gens sages en oubliant ainsi ce qu'on est.

Ce qui reste à faire, c'est de désabuser les filles du bel esprit. Si on n'y prend garde, quand elles ont quelque vivacité, elles s'intriguent, elles veulent parler de tout, elles décident sur les ouvrages les moins proportionnés à leur capacité, elles affectent de s'ennuyer par délicatesse. Une fille ne doit parler que pour de vrais besoins et avec un air de doute et de déférence; elle ne doit pas même parler des choses qui sont au-dessus de la portée commune des filles, quoiqu'elle en soit instruite. Qu'elle ait tant qu'elle voudra de la mémoire, de la vivacité, des tours plaisans, de la facilité à parler avec grâce : toutes ces qualités lui seront communes avec un grand nombre d'autres femmes fort peu sensées et fort méprisables ; mais qu'elle ait une conduite égale et suivie, un esprit égal et réglé ; qu'elle sache se taire et conduire quelque 'chose ; cette qualité si rare la distinguera dans son sexe. Pour la délicatesse et l'affectation d'ennui, il faut la réprimer en montrant que le bon goût consiste à s'accommoder des choses selon qu'elles sont utiles.

Rien n'est estimable que le bon sens et la vertu : l'un et l'autre font regarder le dégoût et l'ennui non comme une délicatesse louable, mais comme une foiblesse d'un esprit malade.

Puisqu'on doit vivre avec des esprits grossiers et dans des occupations qui ne sont pas délicieuses, la raison, qui est la seule bonne délicatesse, consiste à se rendre grossier avec les gens qui le sont. Un esprit qui goûte la politesse, mais qui sait s'élever au-dessus d'elle dans le besoin pour aller à des choses plus solides, est infiniment supérieur aux esprits délicats et surmontés par leur dégoût.

CHAPITRE XI

Instruction des femmes sur leurs devoirs.

Venons maintenant au détail des choses dont une femme doit être instruite : quels sont ses emplois? Elle est chargée de l'éducation de ses enfans, des garçons jusqu'à un certain âge, des filles jusqu'à ce qu'elles se marient ou se fassent religieuses; de la conduite des domestiques, de leurs mœurs, de leur service; du détail de la dépense, des moyens de faire tout avec économie et honorablement, d'ordinaire même de faire les fermes et de recevoir les revenus.

La science des femmes, comme celle des hommes, doit se borner à s'instruire par rapport à leurs fonctions; la différence de leurs emplois doit faire celle de leurs études. Il faut donc borner l'instruction des femmes aux choses que nous venons de dire; mais une femme curieuse trouvera que c'est donner des bornes bien étroites à sa curiosité; elle se trompe : c'est qu'elle ne connoît pas l'importance et l'étendue des choses dont je lui propose de s'instruire.

Quel discernement lui faut-il pour connoître le naturel et le génie de chacun de ses enfans; pour trouver la manière de se conduire avec eux la plus propre à découvrir leur humeur, leur pente, leur talent; à prévenir les passions naissantes, à leur persuader les bonnes maximes et à guérir leurs erreurs! Quelle prudence doit-elle avoir pour acquérir et conserver sur eux l'autorité sans perdre l'amitié et la confiance! Mais n'a-t-elle pas besoin d'observer et de connoître à fond les gens qu'elle met auprès d'eux? Sans doute : une mère de famille doit donc être pleinement instruite de la religion, et avoir un esprit mûr, ferme, appliqué et expérimenté pour le gouvernement.

Peut-on douter que les femmes ne soient chargées de tous ces soins, puisqu'ils tombent naturellement sur elles pendant la vie même de leurs maris occupés au dehors? Ils les regardent encore de plus près si elles deviennent veuves. Enfin, saint Paul attache tellement en général leur salut à l'éducation de leurs enfans qu'il assure que c'est par eux qu'elles se sauveront.

Je n'explique point ici tout ce que les femmes doivent savoir pour l'éducation de leurs enfans, parce que ce mémoire leur fera assez sentir l'étendue des connoissances qu'il faudroit qu'elles eussent.

Joignez à ce gouvernement l'économie : la plupart des femmes la négligent comme un emploi bas, qui ne convient qu'à des paysans ou à des fermiers, tout au plus à un maître d'hôtel ou à quelque femme de charge ; surtout les femmes nourries dans la mollesse, l'abondance et l'oisiveté, sont indolentes et dédaigneuses pour tout ce détail. Elles ne font pas grande différence entre la vie champêtre et celle des sauvages du Canada : si vous leur parlez de vente de blé, de cultures de terres, des différentes natures des revenus, de la levée des rentes et des autres droits seigneuriaux, de la meilleure manière de faire des fermes ou d'établir des receveurs, elles croient que vous voulez les réduire à des occupations indignes d'elles.

Ce n'est pourtant que par ignorance qu'on méprise cette science de l'économie. Les anciens Grecs et Romains, si habiles et si polis, s'en instruisoient avec un grand soin ; les plus grands esprits d'entre eux en ont fait sur leurs propres expériences des livres que nous avons encore, et où ils ont marqué même le dernier détail de l'agriculture. On sait que leurs conquérans ne dédaignoient pas de labourer, et de retourner à la charrue en sortant du triomphe. Cela est si éloigné de nos mœurs qu'on ne pourroit le croire, si peu qu'il y eût dans l'histoire quelque prétexte pour en douter. Mais n'est-il pas naturel qu'on ne songe à défendre ou à augmenter son pays que pour le cultiver paisiblement? A quoi sert la victoire, sinon à cueillir les fruits de la paix? Après tout, la solidité de l'esprit consiste à vouloir s'instruire exactement de la manière dont se font les choses qui sont les fondemens de la vie humaine; toutes les plus grandes affaires roulent là-dessus. La force et le bonheur d'un Etat consistent non à avoir beaucoup de provinces mal cultivées, mais à tirer de la terre qu'on possède tout ce qu'il faut pour nourrir aisément un peuple nombreux.

Il faut sans doute un génie bien plus élevé et plus étendu pour s'instruire de tous les arts qui ont rapport à l'économie, et pour être en état de policer toute une famille, qui est une petite république, que pour jouer, discourir sur des modes, et s'exercer à de petites gentillesses de conversation. C'est une sorte d'esprit bien méprisable que celui qui ne va qu'à bien parler; on voit de tous côtés des femmes dont la conversation est pleine de maximes solides, et qui, faute d'avoir été appliquées de bonne heure, n'ont rien que de frivole dans la conduite.

Mais prenez garde au défaut opposé. Les femmes courent risque d'être extrêmes en tout : il est bon de les accoutumer dès l'enfance à gouverner quelque chose, à faire des comptes, à voir la manière de faire les marchés de tout ce qu'on achète, et à savoir comment il faut que chaque chose soit faite pour être d'un bon usage; mais craignez aussi que l'économie n'aille en elles jusqu'à l'avarice : montrez-leur en détail tous les ridicules de cette passion. Dites-leur ensuite : « Prenez garde que l'avarice gagne peu, et qu'elle se déshonore beaucoup ; un esprit raisonnable ne doit chercher, dans une vie frugale et laborieuse, qu'à éviter la honte et l'injustice attachées à une conduite prodigue et ruineuse. Il ne faut retrancher les dépenses superflues que pour être en état de faire plus libéralement celles que la bienséance, ou l'amitié, ou la charité, inspirent. Souvent c'est faire un grand gain que de savoir perdre à propos ; c'est le bon ordre, et non certaines épargnes sordides, qui fait les grands profits » : ne manquez pas de représenter l'erreur grossière de ces femmes qui se savent bon gré d'épargner une bougie, pendant qu'elles se laissent tromper par un intendant sur le gros de toutes leurs affaires. Faites pour la propreté comme pour l'économie : accoutumez les filles à ne souffrir rien de sale ni de dérangé ; qu'elles remarquent le moindre désordre dans une maison ; faites-leur même observer que rien ne contribue plus à l'économie et à la propreté que de tenir toujours chaque chose en sa place. Cette règle ne paroît presque rien ; cependant elle iroit loin, si elle étoit exactement gardée. Avez-vous besoin d'une chose, vous ne perdez jamais un moment à la chercher; il n'y a ni trouble, ni dispute, ni embarras, quand on en a besoin : vous mettez d'abord la main dessus; et, quand vous vous en êtes servi, vous la remettez sur-le-champ dans la place où vous l'avez prise. Ce bel ordre fait une des plus grandes parties de la propreté; c'est ce qui frappe le plus les yeux que de voir cet arrangement si exact. D'ailleurs, la place qu'on donne à chaque chose étant celle qui lui convient davantage, non seulement pour la bonne grâce et le plaisir des yeux, mais encore pour sa conservation, elle s'y use moins qu'ailleurs; elle ne s'y gâte d'ordinaire par aucun accident; elle y est même entretenue proprement : car, par exemple, un vase ne sera ni poudreux, ni en danger de se briser, lorsqu'on le mettra dans sa place immédiatement après s'en être servi. L'esprit d'exactitude qui fait ranger fait aussi nettoyer; joignez à ces avantages celui d'ôter par cette habitude aux domestiques l'esprit de paresse et de confusion. De plus, c'est beaucoup que de leur rendre le service prompt et facile, et de s'ôter à soi-même la tentation de s'impatienter souvent par les retardemens qui viennent des choses dérangées qu'on a peine à trouver. Mais en même temps évitez l'excès de la politesse et de la propreté. La propreté, quand elle est modérée, est une vertu ; mais, quand on y suit trop son goût, on la tourne en petitesse d'esprit ; le bon goût rejette la délicatesse excessive. Il traite les petites choses de petites, et n'en est point blessé. Moquez-vous donc devant les enfans des colifichets dont certaines femmes sont si passionnées, et qui leur font faire insensiblement des dépenses si indiscrètes. Accoutumez-les à une propreté simple et facile à pratiquer ; montrez-leur la meilleure manière de faire les choses ; mais montrez-leur encore davantage à s'en passer ; dites-leur combien il y a de petitesse d'esprit et de bassesse à gronder pour un potage mal assaisonné, pour un rideau mal plissé, pour une chaise trop haute ou trop basse.

Il est sans doute d'un bien meilleur esprit d'être volontairement grossier que d'être délicat sur des choses si peu importantes. Cette mauvaise délicatesse, si on ne la réprime dans les femmes qui ont de l'esprit, est encore plus dangereuse pour les conversations que pour tout le reste : la plupart des gens leur sont fades et ennuyeux ; le moindre défaut de politesse leur paroît un monstre ; elles sont toujours moqueuses et dégoûtées. Il faut leur faire entendre de bonne heure qu'il n'est rien de si peu judicieux que de juger superficiellement d'une personne par ses manières, au lieu d'examiner le fond de son esprit, de ses sentimens et de ses qualités utiles; faites voir par diverses expériences combien un provincial d'un air grossier, ou, si vous voulez, ridicule, avec ses complimens importuns, s'il a le cœur bon et l'esprit réglé, est plus estimable qu'un courtisan qui, sous une politesse accomplie, cache un cœur ingrat, injuste, capable de toutes sortes de dissimulations et de bassesses. Ajoutez qu'il y a toujours de la foiblesse dans les esprits qui ont une grande pente à l'ennui et au dégoût. Il n'y a point de gens dont la conversation soit si mauvaise qu'on n'en puisse tirer quelque chose de bon; quoiqu'on en doive choisir de meilleures, quand on est libre de choisir, on a de quoi se consoler, quand on y est réduit, puisqu'on peut les faire parler de ce qu'ils savent, et que les personnes d'esprit peuvent toujours tirer quelque instruction des gens les moins éclairés. Mais revenons aux choses dont il faut instruire une fille.

CHAPITRE XII

Suite des devoirs des femmes.

Il y a la science de se faire servir, qui n'est pas petite; il faut choisir des domestiques qui aient de l'honneur et de la religion. Il faut connoître les fonctions auxquelles on veut les appliquer, le temps et la peine qu'il faut donner à chaque chose, la manière de la bien faire et la dépense qui est nécessaire. Vous gronderez mal à propos un officier, par exemple, si vous voulez qu'il ait dressé un fruit plus promptement qu'il n'est possible, ou si vous ne savez pas à peu près le prix et la quantité du sucre et des autres choses qui doivent entrer dans ce que vous lui faites faire; ainsi vous êtes en danger d'être la dupe ou le fléau de vos domestiques si vous n'avez quelque connoissance de leurs métiers.

Il faut encore savoir connoître leurs humeurs, ménager leurs esprits et policer chrétiennement toute cette petite république, qui est d'ordinaire fort tumultueuse. Il faut sans doute de l'autorité : car moins les gens sont raisonnables, plus il faut que la crainte les retienne; mais, comme ce sont des chrétiens, qui sont vos frères en Jésus-Christ et que vous devez respecter comme ses membres, vous êtes obligé de ne payer d'autorité que quand la persuasion manque.

Tâchez donc de vous faire aimer de vos gens sans aucune basse familiarité; n'entrez pas en conversation avec eux; mais aussi ne craignez pas de leur parler assez souvent avec affection et sans hauteur sur leurs besoins. Qu'ils soient assurés de trouver en vous du conseil et de la compassion : ne les reprenez point aigrement de leurs défauts; n'en paroissez ni surpris ni rebuté tant que vous espérez qu'ils ne seront pas incorrigibles; faites-leur entendre doucement raison, et souffrez souvent d'eux pour le service, afin d'être en état de les convaincre de sang-froid que c'est sans chagrin et sans impatience que vous leur parlez, bien moins pour votre service que pour leur intérêt. Il ne sera pas facile d'accoutumer les jeunes personnes de qualité à cette conduite douce et charitable, car l'impatience et l'ardeur de la jeunesse, jointe à la fausse idée qu'on leur donne de leur naissance, leur fait regarder les domestiques à peu près comme des chevaux : on se croit d'une autre nature que les valets; on suppose qu'ils sont faits pour la commodité de leurs maîtres. Tâchez de montrer combien ces maximes sont contraires à la modestie pour soi et à l'humanité pour son prochain. Faites entendre que les hommes ne sont point faits pour être servis; que c'est une erreur brutale de croire qu'il y ait des hommes nés pour flatter la paresse et l'orgueil des autres; que, le service étant établi contre l'égalité naturelle des hommes, il faut l'adoucir autant qu'on le peut; que, les maîtres, qui sont mieux élevés que leurs valets, étant pleins de défauts, il ne faut pas s'attendre que les valets n'en aient point, eux qui ont manqué d'instructions et de bons exemples; qu'enfin, si les valets se gâtent en servant mal, ce que l'on appelle d'ordinaire *être bien servi* gâte encore plus les maîtres : car cette facilité de se satisfaire en tout ne fait qu'amollir l'âme, que la rendre ardente et passionnée pour les moindres commodités, enfin que la livrer à ses désirs.

Pour ce gouvernement domestique, rien n'est meilleur que d'y accoutumer les filles de bonne heure : donnez-leur quelque chose à régler à condition de vous en rendre compte. Cette confiance les charmera : car la jeunesse ressent un plaisir incroyable lorsqu'on commence à se fier à elle et à la faire entrer dans quelque affaire sérieuse. On en voit un bel exemple dans la reine Marguerite : cette princesse raconte dans ses mémoires que le plus sensible plaisir qu'elle ait eu en sa vie fut de voir que la reine sa mère commença à lui parler,

CHAPITRE XII

lorsqu'elle étoit encore très jeune, comme à une personne mûre : elle se sentit transportée de joie d'entrer dans la confidence de la reine et de son frère le duc d'Anjou, pour le secret de l'État, elle qui n'avoit connu jusque-là que des jeux d'enfans. Laissez même faire quelque faute à une fille dans de tels essais, et sacrifiez quelque chose à son instruction; faites-lui remarquer doucement ce qu'il auroit fallu faire ou dire pour éviter les inconvéniens où elle est tombée; racontez-lui vos expériences passées, et ne craignez point de lui dire les fautes semblables aux siennes que vous avez faites dans votre jeunesse : par là, vous lui inspirez la confiance, sans laquelle l'éducation se tourne en formalités gênantes.

Apprenez à une fille à lire et à écrire correctement. Il est honteux, mais ordinaire, de voir des femmes qui ont de l'esprit et de la politesse ne savoir pas bien prononcer ce qu'elles lisent; ou elles hésitent, ou elles chantent en lisant, au lieu qu'il faut prononcer d'un ton simple et naturel, mais ferme et uni; elles manquent encore plus grossièrement pour l'orthographe ou pour la manière de former ou de lier des lettres en écrivant; au moins accoutumez-les à faire leurs lignes droites, à rendre leur caractère net et lisible. Il faudroit aussi qu'une fille sût la grammaire; pour sa langue naturelle, il n'est pas question de la lui apprendre par règle comme les écoliers apprennent le latin en classe; accoutumez-les seulement sans affectation à ne prendre point un temps pour un autre, à se servir des termes propres, à expliquer nettement leurs pensées avec ordre et d'une manière courte et précise : vous les mettrez à même d'apprendre un jour à leurs enfans à bien parler sans aucune étude. On sait que, dans l'ancienne Rome, la mère des Gracques contribua beaucoup, par une bonne éducation, à former l'éloquence de ses enfants, qui devinrent de si grands hommes.

Elles devroient aussi savoir les quatre règles de l'arithmétique; vous vous en servirez utilement pour leur faire faire souvent des comptes. C'est une occupation fort épineuse pour beaucoup de gens; mais l'habitude prise dès l'enfance, jointe à la facilité de faire promptement, par le secours des règles, toutes sortes de comptes les plus embrouillés, diminuera fort ce dégoût. On sait assez que l'exactitude de compter souvent fait le bon ordre dans les maisons.

Il seroit bon aussi qu'elles sussent quelque chose des principales règles de la justice : par exemple, la différence qu'il y a entre un testament et une donation; ce que c'est qu'un contrat, une substitution, un partage de cohéritiers, les principales règles du droit ou des coutumes du pays où l'on est, pour rendre ces actes valides; ce que c'est que propre, ce que c'est que communauté, ce que c'est que biens meubles et immeubles : si elles se marient, toutes leurs principales affaires rouleront là-dessus.

Mais en même temps montrez-leur combien elles sont incapables de s'enfoncer dans les difficultés du droit; combien le droit lui-même, par la foiblesse de l'esprit des hommes, est plein d'obscurités et de règles douteuses; combien la jurisprudence varie; combien tout ce qui dépend des juges, quelque clair qu'il paroisse, devient incertain; combien les longueurs des meilleures affaires mêmes sont ruineuses et insupportables. Montrez-leur l'agitation du palais, la fureur de la chicane, les détours pernicieux et les subtilités de la procédure, les frais immenses qu'elle attire, la misère de ceux qui plaident, l'industrie des avocats, des procureurs et des greffiers pour s'enrichir bientôt en appauvrissant les parties; ajoutez les moyens qui rendent mauvaise par la forme une affaire bonne dans le fond, les oppositions des maximes de tribunal à tribunal : si vous êtes renvoyé à la grand'-chambre, votre procès est gagné; si vous allez aux enquêtes, il est perdu; n'oubliez pas les conflits de juridiction et le danger où l'on est de plaider au conseil plusieurs années pour savoir où l'on plaidera. Enfin, remarquez la différence qu'on trouve souvent entre les avocats et les juges sur la même affaire; dans la consultation, vous avez gain de cause, et votre arrêt vous condamne aux dépens.

Tout cela me semble important pour empêcher les femmes de se passionner sur les affaires, et de s'abandonner aveuglément à certains conseils ennemis de la paix, lorsqu'elles sont veuves, ou maîtresses de leur bien dans un autre état : elles doivent écouter leurs gens d'affaires, mais non pas se livrer à eux.

Il faut qu'elles s'en défient dans les procès qu'ils veulent leur faire entreprendre ; qu'elles consultent les gens d'un esprit plus étendu et plus attentif aux avantages d'un accommodement ; et qu'enfin elles soient persuadées que la principale habileté dans les affaires est d'en prévoir les inconvéniens et de les savoir éviter.

Les filles qui ont une naissance et un bien considérable ont besoin d'être instruites des devoirs des seigneurs dans leurs terres. Dites-leur donc ce qu'on peut faire pour empêcher les abus, les violences, les chicanes, les faussetés si ordinaires à la campagne. Joignez-y les moyens d'établir de petites écoles, et des assemblées de charité pour le soulagement des pauvres malades. Montrez aussi le trafic qu'on peut quelquefois établir en certains pays pour y diminuer la misère ; mais surtout comment on peut procurer au peuple une instruction solide et une police chrétienne; tout cela demanderoit un détail trop long pour être mis ici.

En expliquant les devoirs des seigneurs, n'oubliez pas leurs droits : dites ce que c'est que fiefs, seigneur dominant, vassal, hommage, rentes, dîmes inféodées, droit de champart, lods et ventes, indemnité, amortissement et reconnoissances, papiers terriers, et autres choses semblables. Ces connoissances sont nécessaires, puisque le gouvernement des terres consiste entièrement dans toutes ces choses.

Après ces instructions, qui doivent tenir la première place, je crois qu'il n'est pas inutile de laisser aux filles, selon leur loisir et la portée de leur esprit, la lecture des livres profanes qui n'ont rien de dangereux pour les passions. C'est même le moyen de les dégoûter des comédies et des romans : donnez-leur donc les histoires grecques et romaines ; elles y verront des prodiges de courage et de désintéressement ; ne leur laissez pas ignorer l'histoire de France, qui a aussi ses beautés; mêlez celle des pays voisins, et les relations des pays éloignés, judicieusement écrites : tout cela sert à agrandir l'esprit et à élever l'âme à de grands sentimens, pourvu qu'on évite la vanité et l'affectation. On croit d'ordinaire qu'il faut qu'une fille de qualité, qu'on veut bien élever, apprenne l'italien et l'espagnol; mais je ne vois rien de moins utile que cette étude, à moins qu'une fille ne se trouvât attachée auprès de quelque princesse espagnole ou italienne, comme nos reines d'Autriche et de Médicis. D'ailleurs ces deux langues ne servent guère qu'à lire des livres dangereux et capables d'augmenter les défauts des femmes : il y a beaucoup plus à perdre qu'à gagner dans cette étude. Celle du latin seroit bien plus raisonnable : car c'est la langue de l'Église ; il y a un fruit et une consolation inestimable à entendre le sens des paroles de l'office divin, où l'on assiste si souvent ; ceux mêmes qui cherchent les beautés du discours en trouveront de bien plus parfaites et plus solides dans le latin que dans l'italien et dans l'espagnol, où règnent un jeu d'esprit et une vivacité d'imagination sans règle ; mais je ne voudrois faire apprendre le latin qu'aux filles d'un jugement ferme et d'une conduite modeste, qui sauroient ne prendre cette étude que pour ce qu'elle vaut, qui renonceroient à la vaine curiosité, qui cacheroient ce qu'elles auroient appris, et qui n'y chercheroient que leur édification.

Je leur permettrois aussi, mais avec un grand choix, la lecture des ouvrages d'éloquence et de poésie, si je voyois qu'elles en eussent le goût et que leur jugement fût assez solide pour se borner au véritable usage de ces choses ; mais je craindrois d'ébranler trop les imaginations vives, et je voudrois en tout cela une exacte sobriété : tout ce qui peut faire sentir l'amour, plus il est adouci et enveloppé, plus il me paroît dangereux.

La musique et la peinture ont besoin des mêmes précautions ; tous ces arts sont du même génie et du même goût. Pour la musique, on sait que les anciens croyoient que rien n'étoit plus pernicieux à une république bien policée que d'y laisser introduire une mélodie efféminée : elle énerve les hommes ; elle rend les âmes molles et voluptueuses ; les tons languissans et passionnés ne font tant de plaisir qu'à cause que l'âme s'y abandonne à l'attrait des sens jusqu'à s'y enivrer elle-même. C'est pourquoi, à Sparte, les magistrats brisoient tous les instrumens dont l'harmonie étoit trop délicieuse, et c'étoit là une de leurs plus importantes polices : c'est pourquoi Platon rejette sévèrement tous les tons délicieux qui entroient dans la musique des Asiatiques ; à plus forte raison, les chrétiens, qui ne doivent jamais chercher le plaisir pour le seul plaisir, doivent-ils avoir en horreur ces divertissemens empoisonnés.

La poésie et la musique, si on en retranchoit tout ce qui ne tend point au vrai but, pourroient être employées très utilement à exciter dans l'âme des sentimens vifs et sublimes pour la vertu : combien avons-nous d'ouvrages poétiques de l'Écriture, que les Hébreux chantoient, selon les apparences! Les cantiques ont été les premiers monumens qui ont conservé plus distinctement, avant l'Ecriture, la tradition des choses divines parmi les hommes. Nous avons vu combien la musique a été puissante parmi les peuples païens, pour élever l'âme au-dessus des sentimens vulgaires. L'Église a cru ne pouvoir consoler mieux ses enfans que par le chant des louanges de Dieu. On ne peut donc abandonner ces arts que l'esprit de Dieu même a consacrés. Une musique et une poésie chrétiennes seroient le plus grand de tous les secours pour dégoûter des plaisirs profanes; mais, dans les faux préjugés où est notre nation, le goût de ces arts n'est guère sans danger. Il faut donc se hâter de faire sentir à une jeune fille, qu'on voit fort sensible à de telles impressions, combien on peut trouver de charmes dans la musique sans sortir des sujets pieux. Si elle a de la voix et du génie pour les beautés de la musique, n'espérez pas de les lui faire toujours ignorer. La défense irriteroit la passion. Il vaut mieux donner un cours réglé à ce torrent que d'entreprendre de l'arrêter.

La peinture se tourne chez nous plus aisément au bien; d'ailleurs elle a un privilège pour les femmes, sans elle leurs ouvrages ne peuvent être bien conduits. Je sais qu'elles pourroient se réduire à des travaux simples, qui ne demanderoient aucun art; mais, dans le dessein qu'il me semble qu'on doit avoir d'occuper l'esprit en même temps que les mains des femmes de condition, je souhaiterois qu'elles fissent des ouvrages où l'art et l'industrie assaisonnassent le travail de quelque plaisir. De tels ouvrages ne peuvent avoir aucune vraie beauté, si la connoissance des règles du dessin ne les conduit : de là vient que presque tout ce qu'on voit maintenant dans les étoffes, dans les dentelles et dans les broderies, est d'un mauvais goût ; tout y est confus, sans dessin, sans proportion. Ces choses passent pour belles, parce qu'elles coûtent beaucoup de travail à ceux qui les font et d'argent à ceux qui les achètent ; leur éclat éblouit ceux qui les voient de loin, ou qui ne s'y connoissent pas : les femmes ont fait là-dessus des règles à leur mode ; qui voudroit contester passeroit pour visionnaire : elles pourroient néanmoins se détromper en consultant la peinture, et par là se mettre en état de faire avec une médiocre dépense et un grand plaisir des ouvrages d'une noble variété et d'une beauté qui seroit au-dessus des caprices irréguliers des modes.

Elles doivent également craindre et mépriser l'oisiveté. Qu'elles pensent que tous les premiers chrétiens, de quelque condition qu'ils fussent, travailloient non pour s'amuser, mais pour faire du travail une occupation sérieuse, suivie et utile. L'ordre naturel, la pénitence imposée au premier homme, et en lui à toute sa postérité, celle dont l'homme nouveau, qui est Jésus-Christ, nous a laissé un si grand exemple; tout nous engage à une vie laborieuse, chacun en sa manière.

On doit considérer, pour l'éducation d'une jeune fille, sa condition, les lieux où elle doit passer sa vie et la profession qu'elle embrassera selon les apparences : prenez garde qu'elle ne conçoive des espérances au-dessus de son bien et de sa condition. Il n'y a guère de personnes à qui il n'en coûte cher pour avoir trop espéré; ce qui auroit rendu heureux n'a plus rien que de dégoûtant dès qu'on a envisagé un état plus haut. Si une fille doit vivre à la campagne, de bonne heure tournez son esprit aux occupations qu'elle doit avoir, et ne lui laissez point goûter les amusemens de la ville; montrez-lui les avantages d'une vie simple et active; si elle est d'une condition médiocre de la ville, ne lui faites point voir des gens de la cour : ce commerce ne serviroit qu'à lui faire prendre un air ridicule et disproportionné; renfermez-la dans les bornes de sa condition, et donnez-lui pour modèles les personnes qui y réussissent le mieux; formez son esprit pour les choses qu'elle doit faire toute sa vie; apprenez-lui l'économie d'une maison bourgeoise, les soins qu'il faut avoir pour les revenus de la campagne, pour les rentes et pour les maisons qui sont les revenus de la ville, ce qui regarde l'éducation des enfans; et enfin le détail des autres occupations d'affaires, ou de commerce dans lequel vous prévoyez qu'elle devra entrer, quand elle sera mariée. Si, au contraire, elle se détermine à se faire religieuse sans y être poussée par ses parens, tournez dès ce moment toute son éducation vers l'état où elle aspire; faites-lui faire des épreuves sérieuses des forces de son esprit et de son corps, sans attendre le noviciat, qui est une espèce d'engagement par rapport à l'honneur du monde; accoutumez-la au silence; exercez-la à obéir sur des choses contraires à son humeur et à ses habitudes; essayez peu à peu de voir de quoi elle est capable pour la règle qu'elle veut prendre; tâchez de l'accoutumer à une vie grossière, sobre et laborieuse; montrez-lui en détail combien on est libre et heureux de savoir se passer des choses que la vanité et la mollesse, ou même la bienséance du siècle, rendent nécessaires hors du cloître; en un mot, en lui faisant pratiquer la pauvreté, faites-lui-en sentir le bonheur que Jésus-Christ nous a révélé. Enfin, n'oubliez rien pour ne laisser dans son cœur le goût d'aucune vanité du monde, quand elle le quittera. Sans lui faire faire des expériences trop dangereuses, découvrez-lui les épines cachées sous les faux plaisirs que le monde donne; montrez-lui des gens qui y sont malheureux au milieu des plaisirs.

CHAPITRE XIII

Des gouvernantes.

Je prévois que ce plan d'éducation pourra passer dans l'esprit de beaucoup de gens pour un projet chimérique. Il faudroit, dira-t-on, un discernement, une patience et un talent extraordinaires pour l'exécuter. Où sont les gouvernantes capables de l'entendre? A plus forte raison, où sont celles qui peuvent le suivre? Mais je prie de considérer attentivement que, quand on entreprend un ouvrage sur la meilleure éducation qu'on peut donner aux enfans, ce n'est pas pour donner des règles imparfaites. On ne doit donc pas trouver mauvais qu'on vise au plus parfait dans cette recherche. Il est vrai que chacun ne pourra pas aller dans la pratique aussi loin que nos pensées vont, lorsque rien ne les arrête, sur le papier; mais enfin, lors même qu'on ne pourra pas arriver jusqu'à la perfection dans ce travail, il ne sera pas inutile de l'avoir connue et de s'être efforcé d'y atteindre : c'est le meilleur moyen d'en approcher. D'ailleurs, cet ouvrage ne suppose point une nature accomplie dans les enfans et un concours de toutes les circonstances les plus heureuses pour composer une éducation parfaite. Au contraire, je tâche de donner des remèdes pour les naturels mauvais ou gâtés ; je suppose les mécomptes ordinaires dans les éducations, et j'ai recours aux moyens les plus simples pour redresser, en tout ou en partie, ce qui en a besoin. Il est vrai qu'on ne trouvera point dans ce petit ouvrage de quoi faire réussir une éducation négligée et mal conduite; mais faut-il s'en étonner? N'est-ce pas le mieux qu'on puisse souhaiter, que de trouver des règles simples dont la pratique exacte fasse une solide éducation? J'avoue qu'on peut faire et qu'on fait tous les jours pour les enfans beaucoup moins que ce que je propose; mais aussi on ne voit que trop combien la jeunesse souffre par ces négligences. Le chemin que je représente, quelque long qu'il paroisse, est le plus court, puisqu'il mène droit où l'on veut aller; l'autre chemin, qui est celui de la crainte et d'une culture superficielle des esprits, quelque court qu'il paroisse, est trop long : car on n'arrive presque jamais par là au seul vrai but de l'éducation, qui est de persuader les esprits et d'inspirer l'amour sincère de la vertu. La plupart des enfans qu'on a conduits par ce chemin sont encore à recommencer quand leur éducation semble finie; et, après qu'ils ont passé les premières années de leur entrée dans le monde à faire des fautes souvent irréparables, il faut que l'expérience et leurs propres réflexions leur fassent trouver toutes les maximes que cette éducation gênée et superficielle n'avoit point su leur inspirer. On doit encore observer que ces premières peines que je demande qu'on prenne pour les enfans, et que les gens sans expérience regardent comme accablantes et impraticables, épargnent des désagrémens bien plus fâcheux et aplanissent des obstacles qui deviennent insurmontables dans la suite d'une éducation moins exacte et plus rude. Enfin, considérez que, pour exécuter ce projet d'éducation, il s'agit moins de faire des choses qui demandent un grand talent que d'éviter des fautes grossières, que nous avons marquées ici en détail. Souvent il n'est question que de ne presser point les enfans, d'être assidu auprès d'eux, de les observer, de leur inspirer de la confiance, de répondre nettement et de bon sens à leurs petites questions, de laisser agir leur naturel pour le mieux connoître, et de les redresser avec patience, lorsqu'ils se trompent ou font quelque faute. Il n'est pas juste de vouloir qu'une bonne éducation puisse être conduite par une mauvaise gouvernante; c'est sans doute assez que de donner des règles pour la faire réussir par les soins d'un sujet médiocre; ce n'est pas demander trop de ce sujet médiocre que de vouloir qu'il ait au moins le sens droit, une humeur traitable et une véritable crainte de Dieu ; cette gouvernante ne trouvera dans cet écrit rien de subtil et d'abstrait ; quand même elle ne l'entendroit pas tout, elle concevra le gros, et cela suffit ; faites qu'elle le lise plusieurs fois ; prenez la peine de le lire avec elle ; donnez-lui la liberté de vous arrêter sur tout ce qu'elle n'entend pas, et dont elle ne se sent pas persuadée ; ensuite mettez-la dans la pratique ; et, à mesure que vous verrez qu'elle perd de vue, en parlant à l'enfant, les règles de cet écrit qu'elle étoit convenue de suivre, faites-le-lui remarquer doucement en secret. Cette application vous sera d'abord pénible ; mais, si vous êtes le père ou la mère de l'enfant, c'est votre devoir essentiel ; d'ailleurs vous n'aurez pas longtemps de grandes difficultés là-dessus : car cette gouvernante, si elle est sensée et de bonne volonté, en apprendra plus en un mois par sa pratique et par vos avis que par de longs raisonnemens ; bientôt elle marchera d'elle-même dans le droit chemin. Vous aurez encore cet avantage, pour vous décharger, qu'elle trouvera dans ce petit ouvrage les principaux discours qu'il faut faire aux enfans sur les plus importantes maximes, tout faits, en sorte qu'elle n'aura presque qu'à les suivre : ainsi elle aura devant ses yeux un recueil des conversations qu'elle doit avoir avec l'enfant sur les choses les plus difficiles à lui faire entendre. C'est une espèce d'éducation pratique qui la conduira comme par la main. Vous pouvez encore vous servir très utilement du catéchisme historique, dont nous avons déjà parlé; faites que la gouvernante que vous formez le lise plusieurs fois, et surtout tâchez de lui en faire bien concevoir la préface, afin qu'elle entre dans cette méthode d'enseigner. Il faut pourtant avouer que ces sujets d'un talent médiocre, auxquels je me borne, sont rares à trouver. Mais enfin il faut un instrument propre à l'éducation : car les choses les plus simples ne se font pas d'elles-mêmes, et elles se font toujours mal par les esprits mal faits. Choisissez donc, ou dans votre maison, ou dans vos terres, ou chez vos amis, ou dans les communautés bien réglées, quelque fille que vous croirez capable d'être formée; songez de bonne heure à la former pour cet emploi, et tenez-la quelque temps auprès de vous pour l'éprouver, avant que de lui confier une chose si précieuse. Cinq ou six gouvernantes formées de cette manière seroient capables d'en former bientôt un grand nombre d'autres. On trouveroit peut-être du mécompte en plusieurs de ces sujets; mais enfin sur ce grand nombre on trouveroit toujours de quoi se dédommager, et on ne seroit pas dans l'extrême embarras où l'on se trouve tous les jours. Les communautés religieuses et séculières, qui s'appliquent selon leurs instituts à élever des filles, pourroient aussi entrer dans ces vues pour former leurs maîtresses de pensionnaires et leurs maîtresses d'école.

Mais, quoique la difficulté de trouver des gouvernantes soit grande, il faut avouer qu'il y en a une autre plus grande encore ; c'est celle de l'irrégularité des parens : tout le reste est inutile, s'ils ne veulent concourir eux-mêmes dans ce travail. Le fondement de tout est qu'ils ne donnent à leurs enfans que des maximes droites et des exemples édifians. C'est ce qu'on ne peut espérer que d'un très petit nombre de familles. On ne voit dans la plupart des maisons que confusion, que changement, qu'un amas de domestiques qui sont autant d'esprits de travers, que divisions entre les maîtres. Quelle affreuse école pour des enfans ! Souvent une mère qui passe sa vie au jeu, à la comédie et dans des conversations indécentes, se plaint d'un ton grave qu'elle ne peut pas trouver une gouvernante capable d'élever ses filles ; mais qu'est-ce que peut la meilleure éducation sur des filles, à la vue d'une telle mère ? Souvent encore on voit des parens qui, comme dit saint Augustin, mènent eux-mêmes leurs enfans aux spectacles publics, et à d'autres divertissemens qui ne peuvent manquer de les dégoûter de la vie sérieuse et occupée dans laquelle ces parens mêmes veulent les engager.

Ainsi ils mêlent le poison avec l'aliment salutaire. Ils ne parlent que de sagesse; mais ils accoutument l'imagination volage des enfans aux violens ébranlemens des représentations passionnées et de la musique, après quoi ils ne peuvent plus s'appliquer. Ils leur donnent le goût des passions, et leur font trouver fades les plaisirs innocens. Après cela ils veulent encore que l'éducation réussisse, et ils la regardent comme triste et austère, si elle ne souffre ce mélange du bien et du mal. N'est-ce pas vouloir se faire honneur du désir d'une bonne éducation de ses enfans, sans en vouloir prendre la peine, ni s'assujettir aux règles les plus nécessaires?

Finissons par le portrait que le Sage fait d'une femme forte. « Son prix, dit-il, est comme celui de ce qui vient de loin et des extrémités de la terre : le cœur de son époux se confie à elle; elle ne manque jamais des dépouilles qu'il lui rapporte de ses victoires; tous les jours de sa vie elle lui fait du bien, et jamais du mal; elle cherche la laine et le lin; elle travaille avec des mains pleines de sagesse; chargée comme un vaisseau marchand, elle porte de loin ses provisions; la nuit, elle se lève, et distribue la nourriture à ses domestiques; elle considère un champ, et l'achète de son travail, fruit de ses mains; elle y plante une vigne; elle ceint ses reins de force, elle endurcit son bras; elle a goûté et vu combien son commerce est utile; sa lumière ne s'éteint jamais pendant la nuit; sa main s'attache aux travaux rudes, et ses doigts prennent le fuseau; elle ouvre pourtant sa main à celui qui est dans l'indigence, elle l'étend sur le pauvre; elle ne craint ni froid ni neige, tous ses domestiques ont de doubles habits; elle a tissu une robe pour elle, le fin lin et la pourpre sont ses vêtemens; son époux est illustre aux portes, c'est-à-dire dans les conseils, où il est assis avec les hommes les plus vénérables; elle fait des habits qu'elle vend, des ceintures qu'elle débite aux Chananéens; la force et la beauté sont ses vêtemens, et elle rira dans son dernier jour; elle ouvre sa bouche à la sagesse, et une loi de douceur est sur sa langue; elle observe dans sa maison jusqu'aux traces des pas, et elle ne mange jamais son pain sans occupation; ses enfans se sont élevés, et l'ont dite heureuse; son mari s'élève de même, et il la loue: « Plusieurs filles, dit-il, ont amassé des « richesses; vous les avez toutes surpassées » ; les grâces sont trompeuses, la beauté est vaine; la femme qui craint Dieu, c'est elle qui sera louée; donnez-lui du fruit de ses mains, et qu'aux portes, dans les conseils publics, elle soit louée par ses propres œuvres. »

Quoique la différence extrême des mœurs, la brièveté et la hardiesse des figures, rendent d'abord ce langage obscur, on y trouve un style si vif et si plein qu'on en est bientôt charmé si on l'examine de près ; mais ce que je souhaite davantage qu'on en remarque, c'est l'autorité de Salomon, le plus sage de tous les hommes ; c'est celle du Saint-Esprit même, dont les paroles sont si magnifiques pour faire admirer dans une femme riche et noble la simplicité des mœurs, l'économie et le travail.

AVIS DE M. DE FÉNELON

ARCHEVÊQUE DE CAMBRAY

A UNE DAME DE QUALITÉ

SUR L'ÉDUCATION DE MADEMOISELLE SA FILLE

Puisque vous le voulez, Madame, je vais vous proposer mes idées sur l'éducation de mademoiselle votre fille.

Si vous en aviez plusieurs, vous pourriez en être embarrassée, à cause des affaires qui vous assujettissent à un commerce extérieur plus grand que vous ne le souhaiteriez. En ce cas, vous pourriez choisir quelque bon couvent, où l'éducation des pensionnaires seroit exacte. Mais, puisque vous n'avez qu'une seule fille à élever, et que Dieu vous a rendue capable d'en prendre soin, je crois que vous pouvez lui donner une meilleure éducation qu'aucun couvent. Les yeux d'une mère sage, tendre et chrétienne découvrent sans doute ce que d'autres ne peuvent découvrir. Comme ces qualités sont très rares, le plus sûr parti pour les mères est de confier aux couvens le soin d'élever leurs filles, parce que souvent elles manquent des lumières nécessaires pour les instruire; ou, si elles les ont, elles ne les fortifient pas par l'exemple d'une conduite sérieuse et chrétienne, sans lequel les instructions les plus solides ne font aucune impression. Car tout ce qu'une mère peut dire à sa fille est anéanti par ce que sa fille lui voit faire. Il n'en est pas de même de vous, Madame. Vous ne songez qu'à servir Dieu ; la religion est le premier de vos soins, et vous n'inspirerez à mademoiselle votre fille que ce qu'elle vous verra pratiquer. Ainsi je vous excepte de la règle commune, et je vous préfère pour son éducation à tous les couvens. Il y a même un grand avantage dans l'éducation que vous donnez à mademoiselle votre fille auprès de vous. Si un couvent n'est pas régulier, elle y verra la vanité en honneur, ce qui est le plus subtil de tous les poisons pour une jeune personne. Elle y entendra parler du monde comme d'une espèce d'enchantement, et rien ne fait une plus pernicieuse impression que cette image trompeuse du siècle, qu'on regarde de loin avec admiration, et qui en exagère tous les plaisirs, sans en montrer les mécomptes et les amertumes. Le monde n'éblouit jamais tant que quand on le voit de loin sans l'avoir jamais vu de près et sans être prévenu contre sa séduction. Ainsi, je craindrois un couvent mondain encore plus que le monde même. Si au contraire un couvent est dans la ferveur et dans la régularité de son institut, une jeune fille de condition y croît dans une profonde ignorance du siècle. C'est sans doute une heureuse ignorance, si elle doit durer toujours. Mais, si cette fille sort de ce couvent, et passe à un certain âge dans la maison paternelle, où le monde aborde, rien n'est plus à craindre que cette surprise et que ce grand ébranlement d'une imagination vive. Une fille qui n'a été détachée du monde qu'à force de l'ignorer, et en qui la vertu n'a pas encore jeté de profondes racines, est bientôt tentée de croire qu'on lui a caché ce qu'il y a de plus merveilleux. Elle sort du couvent comme une personne qu'on auroit nourrie dans les ténèbres d'une profonde caverne, et qu'on feroit tout d'un coup passer au grand jour. Rien n'est plus éblouissant que ce passage imprévu, et que cet éclat auquel on n'a jamais été accoutumé. Il vaut beaucoup mieux qu'une fille s'accoutume peu à peu au monde auprès d'une mère pieuse et discrète, qui ne lui en montre que ce qu'il lui convient d'en avoir, qui lui en découvre les défauts dans les occasions, et qui lui donne l'exemple de n'en user qu'avec modération pour le seul besoin. J'estime fort l'éducation des bons couvents; mais je compte encore plus sur celle d'une bonne mère quand elle est libre de s'y appliquer. Je conclus donc que mademoiselle votre fille est mieux auprès de vous que dans le meilleur couvent que vous pourriez choisir. Mais il y a peu de mères à qui il soit permis de donner un pareil conseil.

Il est vrai que cette éducation auroit de grands périls, si vous n'aviez pas le soin de choisir avec précaution les femmes qui seront auprès de mademoiselle votre fille. Vos occupations domestiques et le commerce de bienséance au dehors ne vous permettent pas d'avoir toujours cet enfant sous vos yeux. Il est à propos qu'elle vous quitte le moins qu'il sera possible; mais vous ne sauriez pas la mener partout avec vous. Si vous la laissez à des femmes d'un esprit léger, mal réglé et indiscret, elles lui feront plus de mal en huit jours que vous ne pourriez lui faire de bien en plusieurs années. Ces personnes, qui n'ont eu d'ordinaire elles-mêmes qu'une mauvaise éducation, lui en donneront une à peu près semblable. Elle parleront trop librement entre elles en présence d'un enfant qui observera tout, et qui croira pouvoir faire de même. Elles débiteront beaucoup de maximes fausses et dangereuses. L'enfant entendra médire, mentir, soupçonner légèrement, disputer mal à propos. Elle verra des jalousies, des inimitiés, des humeurs bizarres et incompatibles, et quelquefois des dévotions ou fausses, ou superstitieuses et de travers, sans aucune correction des plus grossiers défauts. D'ailleurs ces personnes d'un esprit servile ne manqueront pas de vouloir plaire à cet enfant par les complaisances et par les flatteries les plus dangereuses. J'avoue que l'éducation des plus médiocres couvens seroit meilleure que cette éducation domestique. Mais je suppose que vous ne perdrez jamais de vue mademoiselle votre fille, excepté les cas d'une absolue nécessité, et que vous aurez au moins une personne sûre, qui vous en répondra pour les occasions où vous serez contrainte de la quitter. Il faut que cette personne ait assez de sens et de vertu pour savoir prendre une autorité douce, pour tenir les autres femmes dans leur devoir, pour redresser l'enfant dans les besoins, sans s'attirer sa haine, et pour vous rendre compte de tout ce qui méritera quelque attention pour les suites. J'avoue qu'une telle femme n'est pas facile à trouver; mais il est capital de la rechercher, et de faire la dépense nécessaire pour rendre sa condition bonne auprès de vous. Je sais qu'on peut y trouver de fâcheux mécomptes. Mais il faut se contenter des qualités essentielles et tolérer les défauts qui sont mêlés avec ces qualités. Sans un tel sujet appliqué à vous aider, vous ne sauriez pas réussir.

Comme mademoiselle votre fille montre un esprit assez avancé, avec beaucoup d'ouverture, de facilité et de pénétration, je crains pour elle le goût du bel esprit et un excès de curiosité vaine et dangereuse. Vous me permettrez, s'il vous plaît, Madame, de dire ce qui ne doit point vous blesser, puisqu'il ne vous regarde point. Les femmes sont d'ordinaire encore plus passionnées pour la parure de l'esprit que pour celle du corps. Celles qui sont capables d'étude, et qui espèrent de se distinguer par là, ont encore plus d'empressement pour leurs livres que pour leurs ajustements. Elles cachent un peu leur science; mais elles ne la cachent qu'à demi, pour avoir le mérite de la modestie avec celui de la capacité. D'autres vanités plus grossières se corrigent plus facilement, parce qu'on les aperçoit, qu'on se les reproche, et qu'elles marquent un caractère frivole. Mais une femme curieuse et qui se pique de savoir beaucoup se flatte d'être un génie supérieur dans son sexe; elle se sait bon gré de mépriser les amusemens et les vanités des autres femmes. Elle se croit solide en tout, et rien ne la guérit de son entêtement. Elle ne peut d'ordinaire rien savoir qu'à demi. Elle est plus éblouie qu'éclairée par ce qu'elle sait. Elle se flatte de savoir tout, elle décide; elle se passionne pour un parti contre un autre dans toutes les disputes qui la surpassent, même en matière de religion. De là vient que toutes les sectes naissantes ont eu tant de progrès par des femmes qui les ont insinuées et soutenues. Les femmes sont éloquentes en conversations, et vives pour mener une cabale. Les vanités grossières des femmes déclarées vaines sont beaucoup moins à craindre que ces vanités sérieuses et raffinées qui se tournent vers le bel esprit, pour briller par une apparence de mérite solide. Il est donc capital de ramener sans cesse mademoiselle votre fille à une judicieuse simplicité. Il suffit qu'elle sache assez bien sa religion pour la croire et pour la suivre exactement dans la pratique, sans se permettre jamais d'en disputer. Il faut qu'elle n'écoute que l'Église, et qu'elle suive fidèlement ceux qui prêchent sa doctrine. Son directeur doit être un homme édifiant par la régularité de ses mœurs et habile dans la science de conduire les âmes à Dieu. Il faut qu'elle fuie les conversations des femmes qui se mêlent de raisonner témérairement sur la doctrine, et qu'elle sente combien cette liberté est indécente et dangereuse. Elle doit avoir horreur de lire les livres pernicieux, sans vouloir examiner ce qui les fait défendre. Qu'elle apprenne à se défier d'elle-même et à craindre les pièges de la curiosité et de la présomption ; qu'elle s'applique à prier Dieu en toute humilité, à devenir pauvre d'esprit, à se recueillir souvent, à obéir sans relâche, à se laisser corriger par les personnes sages et affectionnées, jusque dans ses jugemens les plus arrêtés, et à se taire, laissant parler les autres. J'aime bien mieux qu'elle soit instruite des comptes de votre maître d'hôtel que des disputes des théologiens sur la grâce. Occupez-la d'un ouvrage de tapisserie qui sera utile dans votre maison et qui l'accoutumera à se passer du commerce dangereux du monde; mais ne la laissez point raisonner sur la théologie au grand péril de sa foi. Tout est perdu, et si elle s'entête du bel esprit, et si elle se dégoûte des soins domestiques. La femme forte file, se renferme dans son ménage, se tait, croit et obéit; elle ne dispute point contre l'Église.

Je ne doute nullement, Madame, que vous ne sachiez bien placer dans les occasions naturelles quelques réflexions sur l'indécence et sur les déréglemens, qui se trouvent dans le bel esprit de certaines femmes, pour éloigner mademoiselle votre fille de cet écueil. Mais, comme l'autorité d'une mère court risque de s'user, et comme ses plus sages leçons ne persuadent pas toujours une fille contre son goût, je souhaiterois que les femmes d'un mérite approuvé dans le monde qui sont de vos amies parlassent avec vous en présence de cette jeune personne, et sans paroître penser à elle, pour blâmer le caractère vain et ridicule des femmes qui affectent d'être savantes et qui montrent quelque partialité pour les novateurs en matière de religion. Ces instructions indirectes feront, selon les apparences, plus d'impression que tous les discours que vous feriez seule et directement.

Pour les habits, je voudrois que vous tâchassiez d'inspirer à mademoiselle votre fille le goût d'une vraie modération. Il y a certains esprits extrêmes de femmes à qui la médiocrité est insupportable. Elles aimeroient mieux une simplicité austère, qui marqueroit une réforme éclatante en renonçant à la magnificence la plus outrée, que de demeurer dans un juste milieu, qu'elles méprisent comme un défaut de goût et comme un état insipide. Il est néanmoins vrai que ce qu'il y a de plus estimable et de plus rare est de trouver un esprit sage et mesuré, qui évite les deux extrémités et qui, donnant à la bienséance ce qu'on ne peut lui refuser, ne passe jamais cette borne. La vraie sagesse est de vouloir, pour les meubles, pour les équipages et pour les habits, qu'on n'ait rien à y remarquer ni en bien ni en mal. « Soyez assez bien, direz-vous à mademoiselle votre fille, pour ne vous faire point critiquer comme une personne sans goût, malpropre et trop négligée ; mais qu'il ne paroisse dans votre extérieur aucune affectation de parure ni aucun faste ; par là vous paroîtrez avoir une raison et une vertu au-dessus de vos meubles, de vos équipages et de vos habits ; vous vous en servirez, et vous n'en serez pas esclave. » Il faut faire entendre à cette jeune personne que c'est le luxe qui confond toutes les conditions, qui élève les personnes d'une basse naissance, et enrichies à la hâte par des moyens odieux, au-dessus des personnes de la condition la plus distinguée; que c'est ce désordre qui corrompt les mœurs d'une nation, qui excite l'avidité, qui accoutume aux intrigues et aux bassesses, et qui frappe peu à peu tous les fondemens de la probité. Elle doit comprendre aussi qu'une femme, quelques grands biens qu'elle porte dans une maison, la ruine bientôt, si elle y introduit le luxe, avec lequel nul bien ne peut suffire. En même temps accoutumez-la à considérer avec compassion les misères affreuses des pauvres, et à sentir combien il est indigne de l'humanité que certains hommes qui ont tout ne se donnent aucune borne dans l'usage du superflu, pendant qu'ils refusent cruellement le nécessaire aux autres. Si vous teniez mademoiselle votre fille dans un état trop inférieur à celui des autres personnes de son âge et de sa condition, vous courriez risque de l'éloigner de vous. Elle pourroit se passionner pour ce qu'elle ne pourroit pas avoir, et qu'elle admireroit de loin en autrui. Elle seroit tentée de croire que vous êtes trop sévère et trop rigoureuse. Il lui tarderoit peut-être de se voir maîtresse de sa conduite, pour se jeter sans mesure dans la vanité. Vous la retiendrez beaucoup mieux en lui proposant un juste milieu, qui sera toujours approuvé des personnes sensées et estimables. Il lui paroîtra que vous voulez qu'elle ait tout ce qui convient à la bienséance; que vous ne tombez dans aucune économie sordide, que vous avez même pour elle toutes les complaisances permises, et que vous voulez seulement la garantir des excès des personnes dont la vanité ne connoît point de bornes. Ce qui est essentiel, c'est de ne vous relâcher jamais sur aucune des immodesties qui sont indignes du christianisme. Vous pouvez vous servir des raisons de bienséance et d'intérêt pour aider et pour soutenir la religion en ce point. Une jeune fille hasarde tout pour le repos de sa vie, si elle épouse un homme vain, léger et déréglé. Donc il lui est capital de se mettre à portée d'en trouver un sage, réglé, d'un esprit solide et propre à réussir dans les emplois. Pour trouver un tel homme, il faut être modeste, et ne laisser voir en soi rien de frivole et d'évaporé. Quel est l'homme sage et discret qui voudra une femme vaine, et dont la vertu paroît ambiguë, à en juger par son extérieur?

Mais votre principale ressource est de gagner le cœur de mademoiselle votre fille pour la vertu chrétienne. Ne l'effarouchez point sur la piété par une sévérité inutile; laissez-lui une liberté honnête et une joie innocente; accoutumez-la à se réjouir en deçà du péché, et à mettre son plaisir loin des divertissemens contagieux. Cherchez-lui des compagnies qui ne la gâtent point, et des amusemens à certaines heures qui ne la dégoûtent jamais des occupations sérieuses du reste de la journée. Tâchez de lui faire goûter Dieu; ne souffrez pas qu'elle ne le regarde que comme un juge puissant et inexorable, qui veille sans cesse pour nous censurer et pour nous contraindre en toute occasion. Faites-lui voir combien il est doux, combien il se proportionne à nos besoins et a pitié de nos foiblesses; familiarisez-la avec lui comme avec un père tendre et compatissant. Ne lui laissez point regarder l'oraison comme une oisiveté ennuyeuse et comme une gêne d'esprit où l'on se met pendant que l'imagination échappée s'égare. Faites-lui entendre qu'il s'agit de rentrer souvent au dedans de soi pour y trouver Dieu, parce que son règne est au dedans de nous. Il s'agit de parler simplement à Dieu à toute heure, pour lui avouer nos fautes, pour lui représenter nos besoins, et pour prendre avec lui les mesures nécessaires par rapport à la correction de nos défauts. Il s'agit d'écouter Dieu dans le silence intérieur, en disant: *J'écouterai ce que le Seigneur dit au dedans de moi.* Il s'agit de prendre l'heureuse habitude d'agir en sa présence, et de faire gaiement toutes choses, grandes ou petites, pour son amour. Il s'agit de renouveler cette présence toutes les fois qu'on s'aperçoit de l'avoir perdue. Il s'agit de laisser tomber les pensées qui nous distraient dès qu'on les remarque, sans se distraire à force de combattre les distractions et sans s'inquiéter de leur fréquent retour. Il faut avoir patience avec soi-même, et ne se rebuter jamais, quelque légèreté d'esprit qu'on éprouve en soi. Les distractions involontaires ne nous éloignent point de Dieu; rien ne lui est si agréable que cette humble patience d'une âme toujours prête à recommencer pour revenir vers lui. Mademoiselle votre fille entrera bientôt dans l'oraison, si vous lui en ouvrez bien la véritable entrée. Il ne s'agit ni de grands efforts d'esprit, ni de saillies d'imagination, ni de sentimens délicieux que Dieu donne et qu'il ôte comme il lui plaît. Quand on ne connoît point d'autre oraison que celle qui consiste dans toutes ces choses si sensibles et si propres à nous flatter intérieurement, on se décourage bientôt : car une telle oraison tarit, et on croit alors avoir tout perdu. Mais dites-lui que l'oraison ressemble à une société simple, familière et tendre, ou, pour mieux dire, qu'elle est cette société même. Accoutumez-la à épancher son cœur devant Dieu, à se servir de tout pour l'entretenir, et à lui parler avec confiance, comme on parle librement et sans réserve à une personne qu'on aime, et dont on est sûr d'être aimé du fond du cœur. La plupart des personnes qui se bornent à une certaine oraison contrainte sont avec Dieu comme on est avec les personnes qu'on respecte, qu'on voit rarement, par pure formalité, sans les aimer et sans être aimé d'elles : tout s'y passe en cérémonies et en complimens ; on s'y gêne, on s'y ennuie, on a impatience de sortir. Au contraire, les personnes véritablement intérieures sont avec Dieu comme on est avec ses intimes amis ; on ne mesure point ce qu'on dit, parce qu'on sait à qui on parle ; on ne dit rien que de l'abondance et de la simplicité du cœur ; on parle à Dieu des affaires communes qui sont sa gloire et notre salut. Nous lui disons nos défauts que nous voulons corriger, nos devoirs que nous avons besoin de remplir, nos tentations qu'il faut vaincre, les délicatesses et les artifices de notre amour-propre qu'il faut réprimer : on lui dit tout ; on l'écoute sur tout ; on repasse ses commandemens, et on va jusqu'à ses conseils : ce n'est plus un entretien de cérémonie, c'est une conversation libre, de vraie amitié ; alors Dieu devient l'ami du cœur, le père dans le sein duquel l'enfant se console, l'époux avec lequel on n'est plus qu'un même esprit par la grâce. On s'humilie sans se décourager ; on a une vraie confiance en Dieu, avec une entière défiance de soi ; on ne s'oublie jamais pour la correction de ses fautes, mais on s'oublie pour n'écouter jamais les conseils flatteurs de l'amour-propre. Si vous mettez dans le cœur de mademoiselle votre fille cette piété simple et nourrie par le fond, elle fera de grands progrès. Je souhaite, etc.

Chap. XII. — Suite des devoirs des femmes. . . . 118

Chap. XIII. — Des gouvernantes. 132

Avis de M. de Fénelon, archevêque de Cambray, à une dame de qualité sur l'éducation de mademoiselle sa fille. 141

Imprimé par Jouaust et Sigaux

POUR LA

BIBLIOTHÈQUE DES DAMES

JUIN 1885

BIBLIOTHÈQUE DES DAMES

Cette collection a pour but de réunir les ouvrages qui doivent le plus spécialement plaire aux Dames, et formera pour elles, à côté des grands classiques, dont elles ne doivent pas se désintéresser, une bibliothèque intime où elles pourront trouver un délassement à des lectures plus sérieuses. Comme la *Bibliothèque des Dames* ne comprendra que des ouvrages empruntés aux bons écrivains français, elle s'adresse également aux hommes, parmi lesquels elle ne pourra manquer de trouver un grand nombre d'amateurs.

Chaque volume de cette collection est orné d'un frontispice gravé à l'eau-forte. — Le tirage est fait à petit nombre, sur papier de Hollande; il y a aussi des exemplaires sur *papier de Chine* et sur *papier Whatman*.

EN VENTE

Le Mérite des Femmes, par G. Legouvé, avec préface et appendice d'E. Legouvé. . . . . 6 f.

La Princesse de Clèves, de Mme de La Fayette, avec préface par M. de Lescure, 1 vol. . . . . 8 fr.

Les Contes des Fées, de Mme d'Aulnoy, avec préface par M. de Lescure, 2 vol. . . . . 15 fr.

Poésies de Madame Des Houllières, avec préface par M. de Lescure, 1 vol. . . . . 7 fr.

La Vie de Marianne, de Marivaux, avec préface par M. de Lescure, 3 vol. . . . . 25 fr.

Œuvres morales de la Marquise de Lambert, avec préface par M. de Lescure, 1 vol. . . . . 7 fr.

Souvenirs de Madame de Caylus, avec notice par Jules Soury, 1 vol. . . . . 7 fr.

Lettres à Émilie sur la mythologie, de Demoustier, avec préface par le Bibliophile Jacob, 3 vol. . . . . . 22 fr.

Valérie, de Mme de Krudener, publ. par D. Jouaust. 8 fr.

Mémoires de Madame Roland, avec préface par Jules Claretie, 2 forts vol. . . . . 18 fr.

Sous presse ou en préparation : Divers Ouvrages d'éducation, Contes, Romans, Mémoires, Correspondances, etc.

Juin 1883.

www.ingramcontent.com/pod-product-compliance
Lightning Source LLC
Chambersburg PA
CBHW060123170426
43198CB00010B/1010